L’appel du volcan

MARCHER AVEC

CLAUDE MARTHALER

L'appel du volcan

salamandre

A ma famille

L'infime et l'infini

Les chanceux sont ceux qui écoutent, qui regardent,
qui tissent des liens avec des inconnus,
qui voyagent et s'étonnent, qui ne se découragent pas
et persistent quand tout semble résister.
Yves Simon

Le 10 avril 1815, sur l'île de Sumbawa en Indonésie, le volcan Tambora, d'une puissance estimée à huit fois celle du Vésuve, soit l'équivalent de plus de dix mille explosions nucléaires d'Hiroshima et de Nagasaki réunies, accoucha de l'engin le plus pacifique du monde : la bicyclette…

Plongé dans mes pensées, alternant marche et pédalage, je navigue à vue sur un plateau volcanique et rugueux, immensément vide : la Puna de Atacama, à la frontière entre le Chili et l'Argentine. Privée d'eau douce et d'arbres, on la cite comme la zone la plus élevée de la planète, après le Tibet (ou *Thebet* basé sur l'ancien mot turc pour

« altitude »). De jour, elle est brûlée de soleil, de nuit, saisie par le froid du permafrost. Et toujours, le vent. Dans l'auge du monde, couverts de paya brava, une petite plante jaune extrêmement résistante, les volcans éteints, tout en rondeur, taisent leur élévation à trouer le ciel bleu profond. Je fais détaler des ânes sauvages et des vigognes. Car à vélo, même si je crois être un humain discret, je reste un intrus. Leur gracieuse silhouette s'élance alors et se fond à cet univers d'ocres. Aujourd'hui, mis à part les braconniers, on ne les abat plus pour leur viande, mais on les capture pour les tondre, puis on les relâche. La fibre de leur toison, surnommée « la laine des dieux », est la plus chère au monde. Sans doute le philosophe Baptiste Morizot, qui en appelle à une réconciliation avec le vivant, est-il lucide lorsqu'il nous invite à réfléchir ainsi : « Imaginez cette fable : une espèce fait sécession. Elle déclare que les dix millions d'autres espèces de la Terre, ses parentes, sont de la "nature". A savoir : non pas des êtres mais des choses, non pas des acteurs mais le décor, des ressources à portée de main. »

A chaque jour son col, à chaque col son *apachete*, l'équivalent du cairn, couvert de bouteilles de vin, parfois ébréchées. L'homme offre à son dieu ce qui lui coûte le plus : l'alcool et les cigarettes. Roches volcaniques refroidies, blocs de pierres brunes qui se dressent comme des murs d'anciennes cités : il faut s'abandonner aux pistes, aux lumières incendiaires du couchant dans l'impossible attente d'une révélation. Ne pas savoir où l'on est, c'est enfin reconnaître qui on est : un grain de poussière.

Passé le col du condor, à 4 000 mètres d'altitude, je fuse dans une lumière frisante qui échappe à toute formulation. Au village encaissé d'Iruya, le clocher de l'église, qui date de 1775, sonne étrangement les sept heures à mon apparition. Tous les petits vieux réunis sur un banc circulaire me dévorent des yeux. La bâtisse contient un mousqueton et le premier drapeau d'Argentine. Iruya a été le point de départ de la lutte pour l'indépendance du pays.

Poursuivant ma route, je cherche un abri contre un vent furibond. Des autels piqués de drapeaux rouges, des sanctuaires à la Vierge et des fleurs en plastique sur de nombreuses tombes ponctuent le plateau désertique. Les minuscules arrêts de bus sont couverts de slogans politiques et de mises en garde religieuses. Des chiens aboient furieusement. Ici un gaucho, là une vieille femme édentée, me jaugent de la tête aux pieds.

Dans un village, ma simple présence effraye une femme au pied de sa porte. Je toque à quelques demeures, mais il n'y a pas âme qui vive à l'heure où le soleil disparaît et où le couperet du froid s'insinue dans les rues poussiéreuses. L'épicier décide alors de me conduire au poste de police. Devant l'entrée, un soldat en faction me remplit le thermos d'eau chaude. Il m'indique le robinet d'eau courante, me signale l'arrêt de bus, un gros bloc de ciment sous lequel monter ma tente, puis s'enferme à double tour pour regarder la télévision. Contraste de la modernité : l'antenne, voisine du clocher, connecte ce village au monde entier, mais chacun se barricade. Au milieu de la nuit, le froid monte et me réveille. Puis, vers six heures et demi du matin, un habitant, le chapeau de laine de lama tiré sur les oreilles, vient s'asseoir brusquement sur le banc en béton et repousse dédaigneusement le dessous de mon tapis de sol – qui recouvrait pourtant l'abondante poussière de ce lieu. Vindicatif, il m'intime de déguerpir : « Ceci est un arrêt de bus ! »

La veille de quitter la petite ville assoupie de Fiambalá, je fais le plein d'essence pour le réchaud et me procure des victuailles pour quinze jours. Je me prépare à rouler autour de l'Ojos del Salado (6 893 mètres) dans le sens inverse d'une *kora* – dans le bouddhisme tibétain, un pèlerinage dans le sens des aiguilles d'une montre, autour d'une montagne sacrée par exemple. A vrai dire, je brûle de réaliser mon rêve de gravir le plus haut volcan du monde, mais ne possède pas l'équipement nécessaire pour résister au froid. Un guide local m'a mis en garde contre les gelures face à une tempête de l'été austral qui déferlerait sous peu sur sa crête… Et puis, un cycliste argentin rencontré quelque temps auparavant m'a fait faux bond. Je me retrouve seul, dépité de devoir renoncer à contrecœur à cette ascension.

Vers onze heures du soir, alors que je boucle mes sacoches, on toque à la porte de ma chambre d'hôtel. Olivier, un jeune Français qui vient de gravir le Llullaillaco (6739 mètres) et en exprime encore toute la braise dans les yeux, me propose de monter avec lui à l'Ojos del Salado. J'ignore comment il m'a trouvé, mais sa présence déclenche en moi une effusion de joie. Il me propose de m'emmener au pied du volcan avec son véhicule tout-terrain, puis de tenter l'ascension ensemble, mais je ne suis pas encore acclimaté à la haute altitude. Tout comme moi, il part le lendemain matin, mais lui, avec son quatre-quatre…

Le jour du départ, je suis à pied d'œuvre. La route asphaltée grimpe à travers les roches rougeâtres et terre de Sienne de la Cuesta de las Angosturas. Voilà sept heures que j'ai quitté la fournaise de la plaine, Olivier parvient en voiture à ma hauteur et s'arrête brièvement pour me saluer. Je lui souhaite une bonne ascension comme si je m'adressais à moi-même. En quatre jours, je monte successivement aux refuges de la Gallina Muerta (2900 mètres), Cazadero Grande (3364 mètres), Las Losas (3571 mètres) jusqu'au refuge Limite situé sur le col-frontière de San Francisco à 4750 mètres d'altitude. Ils ont été construits pour permettre aux automobilistes de s'abriter en cas de tempête, ce qui en fait des gîtes parfaits pour les cyclistes, leur épargnant ainsi de monter et de démonter leur tente.

En chemin, je m'arrête au lieu-dit de Cortaderas et sa bâtisse préfabriquée à la soviétique, reconvertie en hôtel-restaurant. En lieu et place d'une hypothétique babouchka apparaît un jeune homme avec une frange de cheveux violets et un maniérisme efféminé. Le hall aux couleurs de camouflage est caverneux et semble prévu pour des réceptions de ministres – est-ce l'ancien bâtiment des travailleurs de la route ? Situé au bord d'un petit lac, tout y est démesurément cher. Kurt Cobain passe sur la platine et ne manque pas d'ajouter une touche d'étrangeté à ce lieu d'exil – assez pour me revigorer d'un repas chaud puis me faire fuir.

Chaque palier d'altitude gonfle mon aspiration à monter à pied sur ce volcan. Son expansion finit par envahir mon corps et mon âme jusqu'à coloniser mes rêves. Longues journées, longues nuits : la clarté estivale et la fatigue étirent le temps et l'espace. Je me sens instinctivement au bon endroit au bon moment. Même si je manque de matériel adéquat. Même si l'aveuglante lumière me blesse les yeux. Même si le vent me saoule et me ralentit. A fureter ces mamelons de basalte endormis sous lesquels couve le feu, je bouillonne et me laisse peu à peu apprivoiser. Mon acclimatation est optimale. Le mauvais temps prévu par le guide argentin aura-t-il raison de mon intuition ?

Un renard s'approche ce matin-là, sur ses gardes, en quête de nourriture. Son pelage chatoie sous un soleil levant qui heurte les cimes. C'est un instant de grâce que je prends pour un signe de bon augure en ce jour final d'ascension du col. Le réchaud vrombit et j'aspire de ma pipette l'amertume de mon maté. Les rites sont importants dans un tel voyage : paquetage précis de mes sacoches, dépense parcimonieuse de mon énergie, fonctionnement au ralenti. La vie animale se fond aux couleurs du paysage. De nombreux panneaux intiment de respecter la faune, mais les vigognes sauvages craignent (et pour cause) la présence de braconniers. Un petit col à 4 000 mètres est suivi d'une délicieuse descente. J'accède alors à une autre échelle, à une conversation muette des hauteurs engagée depuis six à neuf millions d'années.

Les vrais confins commencent ici même : absence d'eau douce, minces coulées de sel, raréfaction de l'oxygène. L'altitude vous fait entrer en état proche de l'hibernation. La couronne de sommités cache une ondulation de volcans, comme un point de non-retour. Elle commande le dépouillement au lieu-dit de Las Grutas. Les quelques vétustes bâtisses de la minuscule frontière argentine semblent écrasées par un trio imposant : El Muerto (6488 mètres), l'Incahuasi (6621 mètres) et le San Francisco (6018 mètres). Un pays de géants. On ne sait si les douaniers ont écopé là d'une planque ou d'un bannissement. Ils tuent leur temps à l'intérieur à jouer aux cartes, protégés de la forte radiation du soleil. Dans le bâtiment des cantonniers, on me prépare un plat de saucisses et de riz, le dernier pour longtemps. Je remplis mon thermos d'eau bouillante. Les voyageurs passent au compte-gouttes. Un jeune couple d'Argentins a passé la nuit ici pour s'acclimater à l'altitude. A l'évocation de mon rêve d'ascension de l'Ojos del Salado, ils me proposent de me monter douze litres d'eau au col de San Francisco, la porte d'entrée au Chili.

Bien requinqué par leur compagnie et le gosier réjouit par la descente d'un litre de maté, je repars aussitôt. Je me bourre une joue de feuilles de coca et enfourche ma bicyclette. La pente s'amenuise, mais l'altitude augmente sensiblement. Il faut boire encore. Je me sens d'aplomb et bientôt retrouve mon rythme de croisière naturel d'une régularité métronomique. Comment envisager d'avancer sans la complicité de mon véhicule consubstantiel si imprégné par l'usage ? Mon corps s'accorde à une mécanique autotélique. Je m'oublie, me fonds dans mon environnement et entre dans un état liquide, le *flow*. Si l'accord ne prend pas toujours aussi bien, je dérive alors à l'intérieur de moi-même.

Parfois s'invite le passé. Surgissent au gré des lignes de fuite, plus proches que jamais, les êtres que j'aime, que j'ai aimés ou ceux qui sont partis trop tôt. Se découpent également les courbes de niveau et les failles de mon être. Leurs ombres projetées voilent soudainement un ciel bleu profond, soulignant le besoin impérieux d'une vie constituée, par définition, de manques et de défauts. Une sinuosité, une pierre, une odeur me rappellent d'autres latitudes. Le décalage est parfois troublant, parfois fécond, et le futur est alors au rendez-vous. Sur deux roues balbutient de nombreuses lubies qui ne doivent leur existence qu'au mouvement et que je couperai à la réalité le temps venu.

A d'autres moments, je pense terre à terre, tout simplement au repas chaud à cuisiner, aux prochains jours, à la météo qui a toujours le dernier mot. Il m'arrive de fredonner en boucle, de siffler d'une manière évasive, distrait à moi-même. De ne penser à rien. De laisser filer mon corps en tête. Flaubert disait qu'on ne peut avoir de bonnes idées qu'en étant assis, et Nietzsche affirmait l'inverse : « Seules les idées qu'on a en marchant valent quelque chose. » Synthèse des deux – avancer en étant assis –, le vélo (dont la vitesse est trois fois supérieure au pas) ne s'embarrasse pas d'une intention, mais laisse affleurer ce qui est sans être tout à fait. Surplombé par le chaos de volcans alanguis et un univers en expansion depuis des milliards d'années, pédaler serait-il un art chevaleresque ?

A six kilomètres seulement du col, une voiture me fait un appel de phares et s'arrête à ma hauteur. Un coup monté du dieu ailé Kairos ? Olivier exulte. Il a gravi hier l'Ojos del Salado par un temps magnifique et me raconte son ascension dans les moindres détails. Il fait allégrement glisser ses photos sur l'écran de son téléphone portable. Je le félicite, c'est comme si j'y étais. Le volcan nous réunit, l'évocation de sa *cumbre* (sommet) semble faire écho à nos paroles et nous instille une étrange force antigravitationelle.

Dans la conversation se mêlent inopinément des fragments poignants de nos vies. Au bout de quelques heures, je lui demande : « Me vendrais-tu ton matos ? Tu me permettrais ainsi de réaliser mon rêve. » Olivier hésite mais pas longtemps car sa prochaine ascension aura lieu près de Mendoza où il pourra facilement louer du matériel. Ni une, ni deux, il étale son équipement par terre, à l'africaine. Il est de grande taille et c'est ma chance : ses chaussures à double coque me vont parfaitement. Une épaisse doudoune, de gros gants, des bâtons de ski, un sac de couchage, des réserves de nourriture... Ni l'un ni l'autre n'étant fait pour le commerce, nous convenons d'une transaction proche du troc. « Ton prix sera le mien », lui proposé-je, « l'important quand tu repartiras, c'est que tu ne penses pas que j'aie profité de toi et qu'on puisse se revoir en amis ». Une accolade et chacun de reprendre sa route, entre chien et loup. Le ciel est encore lumineux, enrobé d'un silence religieux qui ne fera pas rendre gorge au mystère.

Malgré l'altitude, je gravis les dernières longueurs en apesanteur, mû pas une mécanique céleste. Accueillir l'incertitude permet la mutation. J'entre dans la nuit cristalline sans enfreindre le paysage, en parfaite syntonie. Je me défige dans un rêve éveillé et expérimente ce que Victor Segalen a parfaitement décrit : « Le regard par-dessus le col n'est rien d'autre qu'un coup d'œil ; mais si gonflé de plénitude que l'on ne peut séparer le triomphe des mots pour le dire, du triomphe dans les muscles satisfaits, ni ce que l'on voit de ce que l'on respire. Un instant, oui, mais total. »

Le sentiment océanique

Ne faire qu'un avec toutes choses vivantes, retourner,
par un radieux oubli de soi, dans le Tout de la Nature,
tel est le plus haut degré de la pensée et de la joie,
la cime sacrée, le lieu du calme éternel.
Friedrich Hölderlin

Au refuge Limite m'attendent déjà le couple d'Argentins et Max, un Anglais. Sans s'être concertés, nous avons tous la même idée : gravir le volcan de San Francisco (6 018 mètres) dès le lendemain matin. J'aime plus que tout la chaleur d'une cordée entre amis, mais j'aime aussi ces instants magiques où, revigoré par un repas chaud, une décision commune s'impose d'elle-même, sans beaucoup de paroles échangées, avec des gens que l'on ne rencontre qu'une seule fois dans sa vie dans un lieu improbable et confiné.

Il est quatre heures du matin, le froid mord, les faisceaux de nos lampes frontales s'entremêlent, nos pensées sont encore embrumées, mais l'atmosphère est solidaire. De l'eau est mise à bouillir, on se force à manger et à boire. Ce n'est pas le moindre des paradoxes : la montée à venir requiert de l'énergie, mais l'altitude tue la faim et le sommeil, et assèche diablement la gorge. On se dévisage, les yeux cernés, sûrs de partir mais peu pressés, car la journée sera longue.

C'est le départ, ne rien oublier, bien serrer ses chaussures, puis fendre la nuit d'encre de nos pas étouffés, au rythme du crissement de nos bâtons contre le basalte. Nous foulons la montagne invisible d'un pas ralenti. A chacun son tempo et le fin dosage de ses forces, le corps emmitouflé dans plusieurs couches de vêtements et l'esprit cloîtré dans les replis de son existence. Une fois trouvé, le chemin se révèle pleinement. A partir de 5 300 mètres, le flanc se raidit et je sens la pesanteur m'envahir, la montagne me posséder, m'abraser : peut-être est-ce là la première de ses qualités ? Je suis venu de loin pour qu'elle me corroie.

Le soleil darde ses premiers rayons. Avec sa chaleur qui monte dans mon corps et la ligne de crête qui rebondit sur les coupoles minérales, il me transmet un regain d'énergie. Un soleil redoutable, à peine une brise. La pente décline un temps sur ce volcan sans cratère dont le couronnement est si plat que nous ne trouvons que tardivement, et en ordre dispersé, son sommet, signalé par des petits drapeaux de prières tibétains et une pierre qui recouvre une valise contenant un livre d'or. L'horizon s'étire à perte de vue sous un ciel étincelant : la Laguna Verde, les volcans Incahuasi et Fraile et, pour la première fois, l'Ojos del Salado. La carte topographique prend vie sous mes yeux. Les silhouettes monumentales des volcans en débordent. Comme l'Univers infini, ils ne peuvent admettre ni de centre, ni même de point privilégié. Dans les formes simples d'un chaos précoce se devinent la dureté masculine des rochers coupants et la forme féminine ondulante de la chaîne volcanique. Un paysage impassible et vierge de toute construction humaine, mis à part la route construite il y a tout juste un an, trait noir charbon peu emprunté. Cette grimpée dégage le sentiment du merveilleux dont on devient le creuset. Une sorte d'escabeau qui a valeur d'acclimatation. Pour ma part, elle met en évidence mes petits manquements matériels : feuilles de coca, essence pour cuisiner, épaisses chaussettes qu'il me faudra impérativement trouver pour pouvoir monter plus haut.

Les jambes fourbues, c'est d'une démarche mécanique que nous dévalons l'interminable versant nord sans aucun esprit de cordée. Parvenus au refuge Limite, le vent souffle, le ciel s'obscurcit de menaçants nuages. Mes compagnons d'une journée rangent leurs affaires et redescendent en voiture à Las Grutas. Je me retrouve seul et ensommeillé sur ce col-frontière désert entre le Chili et l'Argentine, anarchiquement piqué de panneaux dont certains sont tombés à terre sous l'effet de la tempête. J'ai le sentiment de flotter au gré de mes pensées éthérées. Col et frontière, hauteurs insoumises d'un pays qui n'existe pas, une sorte de no man's land d'épure esquivant murs et topographie. Le fait de savoir les frontières indomptées m'aide à mieux vivre, comme si le monde retrouvait sa sacralité. Dans le refuge, aussi spartiate que paisible, je fourgue dans mes sacoches mes abondantes réserves de nourriture emportées depuis Fiambalá, comme si je voulais y jeter toutes mes forces. Après un solide repas chaud, la fatigue me tombe dessus comme un couperet.

Ma véritable marche d'approche se poursuit le lendemain, suspendue à la clémence du ciel. Il a neigé durant la nuit. Le haut plateau de lave, de sable et de sel, cerné par une couronne de hauts volcans, est saupoudré de blanc. Même le vent s'est tu. Mâchouillant des feuilles de coca pour *apunarme* (m'acclimater à la puna), je suis saisi par la mue de la montagne. Dans la cordillère des Andes, les Amérindiens disent qu'il ne neige plus beaucoup depuis que les Blancs ont pillé les momies au sommet des volcans pour les placer dans leurs musées. Leurs ancêtres, les Incas, redoutaient Pachacamac, le dieu « sismique » lanceur d'étincelles… Les deux versants du col, où se love la courbure de la Terre, m'appartiennent encore un instant. Le relief s'infléchit, mes pupilles se dilatent, puis mon corps, harassé par la marche de la veille, bascule. Sans même s'appuyer sur deux mille six cents kilomètres de route, trente cols franchis dont vingt entre 4 000 et 4 895 mètres durant les deux derniers mois, mes jambes tournoient mollement; je fuse comme dans un rêve, entre les cônes blanchis, délivrés de leurs sombres humeurs.

Au loin, la Laguna Verde, de couleur turquoise, ressemble à une majestueuse mer intérieure, auréolée de hautes sentinelles. La présence de l'eau et l'intensité de sa teinte bordée de traînées de sel adoucissent l'atmosphère rugueuse du basalte. Le lieu est singulier. Tout n'est que sable et lave durcie. J'explore l'ancien poste de contrôle de la gendarmerie argentine. Il a été saccagé mais sert parfois encore de refuge aux cyclistes de passage. Plus loin, sur une plage de la Laguna Verde, des grimpeurs venus de tous horizons sont montés pour la plupart trop rapidement en voiture de la côte pacifique chilienne, pour y établir leur camp de base. De rudimentaires bains chauds naturels permettent de se détendre. Des demi-cercles de pierres protègent leurs tentes du vent d'ouest. Depuis la première ascension documentée de l'Ojos del Salado par une expédition polonaise en 1939, ce volcan, parce qu'il est le plus haut de tous, n'a cessé d'aimanter les hommes.

Je n'ai presque plus d'essence pour mon réchaud, peu d'eau, et quémande poliment à droite à gauche pour m'assurer une quantité suffisante d'eau douce dans ce désert où je me savais dès le début incapable d'en emporter assez pour tenter l'ascension de la montagne. Je me lance pourtant, pas à pas, comme je l'ai vécu à chacun de mes voyages : improvisant en chemin les moyens de réaliser un rêve. La solution finit par apparaître presque miraculeusement, plus proche qu'on ne le croyait. La chance est aussi celle qu'on se crée.

Le lendemain matin, je me joins à un guide argentin, sa compagne et un client visiblement exténué à qui il est promis monts et merveilles. Je tiens ma langue à ce propos.

Nous gravissons à un rythme très lent le flanc du volcan de Muelas Muertas, jusqu'à une altitude de 5 400 mètres. Une allure qui me convient, car la fatigue accumulée les jours précédents pèse bien plus que mon sac à dos. A chaque pas, je m'incorpore un peu plus à la déclive minérale. L'homme a besoin de perspectives, et la généreuse montagne en procure à foison. Le vent se lève, le ciel vire à l'anthracite au-dessus d'une Laguna Verde déchaînée. La nuit, je navigue sur cette mer suspendue à 4 326 mètres d'altitude. Ses vagues m'emportent vers des songes bienheureux. La présence de l'eau à la salinité extrême et sa palette de couleurs changeantes m'ôtent toute fatigue.

Au matin, je profite de l'accalmie pour me glisser nu comme un ver dans l'un des deux bassins de pierre où s'écoule une eau tempérée, me délestant de ma crasse et de ma sueur. Seule ma tête sort de l'eau quand j'aperçois deux voitures de la police argentine débouler pour contrôler les permis d'ascension de l'Ojos del Salado (gratuits mais obligatoires, je n'en ai pas). Le volcan m'avait depuis longtemps délivré son laissez-passer. Je m'immobilise comme lui et les observe du coin de l'œil : mon bienveillant yak[1] – surnom que je donne à mon vélo en hommage à cet animal emblématique de l'Himalaya et du Pamir, souvent domestiqué et sans lequel ses habitants ne pourraient survivre – posé auprès

1. Mes lecteurs fidèles le savent : yak (ou yakman) est aussi mon surnom de longue date, un clin d'œil à mon caractère obstiné, à ma résistance et à mon amour immodéré de l'Himalaya, notamment du Tibet.

de ma tente atteste à leurs yeux que son propriétaire absent est un voyageur, pas un grimpeur…

En ce jour de non-faire, qui est le pendant de l'action, la calebasse de maté tourne, on converse, chacun échafaude un plan, sachant qu'ils sont tous faits pour être changés et que, même si toutes les conditions humaines devaient être réunies, c'est encore le ciel qui trancherait. A ce moment-là, j'envisage encore de monter à la seule force des mollets, en tirant mon vélo surchargé d'eau et de quelques victuailles jusqu'à 5 800 mètres d'altitude, mais la piste (qu'il faut également emprunter au retour) est longue, parfois ensablée ou pentue. Elle va réduire en charpie les forces qu'il me faudra sans doute rassembler pour tenter d'atteindre le sommet. Je renonce. Mon yak se reposera au pied du géant.

Et puis, comme en toute chose, il y a l'instant décisif. La fenêtre météo que personne ne parvient à décrypter dans ce paysage sans âge et sans frontière, seulement via satellite… Il s'appelle Alberto. C'est un guide chilien qui décide de me monter à l'œil dans son véhicule tout-terrain au refuge d'Atacama (5 260 mètres), le point de départ de l'ascension. Quelques ornières meurtrissent la piste étirée qui requiert une solide expérience de conduite. A brûle-pourpoint, au-delà des moutonnements cendrés, l'imposante silhouette du volcan surgit de terre. Sa saillante et silencieuse présence retient tous les regards sur ce plateau lunaire. Un container orange crie sa solitude et sa couleur ; il jure de ses angles droits dans cette nature qui n'en connaît pas. Un abri de secours en bois pour six personnes et quelques tentes, abritées par des demi-cercles de pierres, complètent ce dérisoire ancrage humain. En contrebas surgit la rivière Salado, déjà salée et issue du névé sommital de l'Ojos del Salado. Même si ce volcan est considéré comme actif, il est peu démonstratif (quelques explosions et émissions de gaz en 1993). Depuis que je sais qu'un volcan peut accoucher d'une bicyclette, je ne crains plus pour ma vie – mais ça, c'est une autre histoire que je vous réserve pour plus tard.

Une expédition emmenée par Alvaro et Christian, deux jeunes guides plein d'entrain, vient de redescendre du sommet. Ils portent en eux l'« ultra-jeunesse » et la spontanéité des gens libres qui se sont frottés à l'ivresse des hauteurs. Ce soir-là, autour d'un bon repas auquel je suis convié, le container n'est plus un container, mais un cratère en éruption. La même incandescence brille dans leurs yeux et sur la peau de leurs visages, brûlée par un vent glacial. Chacun raconte à son tour, tous écoutent, dans une atmosphère fébrile d'une vieille humanité soudée qui ferait même rire un volcan. Ils ne savent pas de quelle énergie positive ils me chargent. Parmi eux se détache un jovial Polonais. Pour éviter un névé incliné et n'ayant pas jugé opportun d'emporter des crampons, il s'est taillé une voie à travers un pierrier pentu. De directissime, celle-ci ne porte que le nom puisqu'il lui a fallu sept heures supplémentaires pour atteindre le sommet puis redescendre ! Mon tour du monde à vélo l'impressionne à tel point qu'il tient à m'offrir ses grosses chaussettes en laine et sa paire de collants, vêtements qui me font cruellement défaut. Quant à Christian, il me prête sa paire de crampons, bien trop petits mais que j'harnacherai avec des lanières. Quelle aubaine ! Cette fois-ci je suis équipé.

A vrai dire, je crois aux signes car ils m'ont toujours porté chance. Tenter de les définir serait les trahir et les empêcherait d'advenir. Ce sont des instants furtifs, déterminants, pour autant qu'on les perçoive et qu'on les saisisse sans réfléchir. Au-delà du savoir et de la raison œuvrent des forces souterraines. Je ne suis pas superstitieux, ni religieux, mais pour l'avoir vécu tant de fois, je ne peux que constater qu'une forme de magie opère lorsqu'on porte en soi pleinement l'ardeur d'un rêve. Lorsqu'on a tout essayé et que l'on se trouve à deux doigts de renoncer, les choses se produisent d'elles-mêmes. Laissons-le se manifester, il sait si bien s'inviter, cet inexplicable et heureux phénomène de se trouver au bon endroit au bon moment ; la notion américaine d'*happenstance*, certains l'appellent le hasard, d'autres la providence ou le bon sens de la vie : toutes les planètes s'alignent alors.

Par ailleurs, les volcans m'ont souvent témoigné leur bienveillance. Lorsqu'en 1993, je me suis présenté au consulat russe à Genève exprimant mon envie de gravir l'Elbruz (5 642 mètres), le jeune employé, féru de montagne, est sorti aussitôt de son guichet et m'a invité chez lui. Grâce à un subterfuge, j'ai obtenu un visa d'une durée de trois mois. A l'été de la même année, au pied de la montagne – dont on dit que Prométhée a été enchaîné à ses deux pics principaux pour avoir donné le feu aux hommes –, l'armée russe m'a prêté une paire de godillots, des crampons et un piolet, me permettant ainsi d'atteindre son sommet en solitaire. Ma passion m'a aussi permis sans grands moyens de gravir quelques beaux volcans au Mexique, en Equateur, au Pérou, en Bolivie, au Chili… Enfin, en 2000, arguant du fait que j'écrivais pour un magazine sud-africain de voyage, la direction du parc naturel du Kilimandjaro (5 895 mètres) et une agence de voyage locale m'ont offert l'ascension d'une valeur de sept cents à huit cents dollars.

Après une courte nuit pleine de ces considérations – ce soir-là, je dors dans la cuisine du container sur un matelas concave trop court, avec pour désagréable compagnie une souris trublionne –, je retrouve le soleil au zénith. Le camp de base lambine. Les expéditions s'affairent à plier bagages et à charger leur pick-up pour redescendre illico presto vers l'océan Pacifique. A chaque étage de la montagne sa vitesse, rappelant, comme l'a si bien décrit Milan Kundera dans *La lenteur*, que « le degré de lenteur est directement proportionnel à l'intensité de la mémoire, le degré de la vitesse est directement proportionnel à l'intensité de l'oubli ». Ma quête du rien se poursuit pas à pas.

Au dernier instant, avant de monter vers le refuge Tejos arrive Yulia, une jeune et amène Ukrainienne de trente-deux ans, mordue de montagne, peu acclimatée et fraîchement débarquée sur les lieux. Peu bavarde, le contact entre nous s'établit pourtant en un clin d'œil et nous décidons de marcher ensemble. Nous avançons sous l'immuable regard du volcan, courbés sous un sac à dos d'une vingtaine de kilos: de quoi cuisiner, boire, crapahuter et dormir chaudement. Nous faisons de fréquents arrêts, car la montée requiert de la constance, en aucun cas de la vitesse. La marche tout comme le vélo redonne la véritable grandeur au monde, son continuum, rend compte de la rotondité et de l'immensité du globe. A chaque pas, je prends ainsi assise, piane-piane, sur sa matière brute. Quel est le poids d'une vie? De sa propre vie? C'est après qu'on se le demande, ou avant, car jamais elle ne nous appartient. Pendant cette évasion pesante vers le haut, on abaisse souvent son regard, sans crainte d'écraser de la semelle, car le sol tranchant rend toute flore étrangère. L'écorce terrestre étouffe le déroulé de nos pieds, elle ne saurait accepter une empreinte mais abrite cependant le clapot de la vie. Indifférente à notre présence, elle nous repousse aussi bien qu'elle nous porte.

Deux containers orange tombés du ciel et disposés en L constituent le malingre refuge de Tejos, situé à 5 825 mètres d'altitude. Son insignifiance grandit la proximité surplombante de l'austère volcan et sa puissance de feu. Le paysage me regarde. A cette hauteur, aucun des neufs andinistes à bord de cette capsule ne dormira véritablement, pas même le volcan. Il veille depuis des millions d'années, et veillera encore. A la raréfaction de l'oxygène qui tous nous engourdit répond un rétrécissement de l'espace qui pousse chacun à s'agiter. Cuisiner, manger, boire, se coucher. Six ont droit à des matelas. Nous sommes trois à nous partager le sol de la cuisine. On se couche tôt. Je sors durant la nuit pour soulager ma vessie, entends confusément le chant des étoiles et ressens sans le voir l'Ojos del Salado, ses perçants « yeux de sel » – l'une des traductions françaises de son nom espagnol.

Trois heures trente du matin : les réchauds vrombissent, l'altitude enroue, les voix graillent. Les doudounes colorées se frôlent, on fourrage son sac à dos, on s'encrème le visage endormi. Chacun mastique son petit déjeuner, sans appétit mais avec application, la tête plongée dans son bol et dans ses pensées mal équarries. Ressentant un fort mal d'altitude, la compagne de l'un des guides décide de rester au refuge. Vers cinq heures, je referme la lourde porte qui nous préservait du froid et d'une tempête éventuelle. Quelques paroles trouent la nuit, les faisceaux de nos lampes frontales la zèbrent. Pour proche et imposant qu'il soit, le volcan se noie dans l'obscurité. Le chemin qui mène à son sommet se fait en l'éclairant : une colonne informelle constituée de trois guides, trois clients, Yulia et moi, se met en marche à une allure de scarabée.

Le froid mord encore les extrémités, mais la trace devient à présent visible. Alberto nous fait comprendre fermement que dorénavant il nous faut passer devant, nous, les deux électrons libres qui ne faisons pas partie de sa cordée. Je poursuis à mon rythme régulier et Yulia de m'emboîter le pas. La sente zigzague sur le versant pierreux. L'horizon confine à nos pieds. La foulée se réduit à la longueur d'une semelle et s'inscrit dans l'attente infinie des premiers rayons de soleil. L'histoire du bouillonnant magma relève notre insignifiance : il y a dix-huit millions d'années, la subduction de la plaque de Nazca sous la plaque sud-américaine porta le volcanisme dans la région. Les momies des sacrifices des Incas ont été enterrées sur plus d'un volcan alentour, il y a quatre siècles environ. Nous gravissons un gardien du feu imprévisible et sacré dont la plus ancienne représentation d'éruption, vieille de neuf mille ans, a été retrouvée à Çatal Höyük, en Turquie. L'Ojos del Salado recèle d'immenses poches de permafrost, ce qui pourrait attirer la convoitise de compagnies privées à la recherche d'eau douce.

Nous atteignons un petit névé pentu formé depuis peu. Je fixe mes crampons ; Yulia, qui n'en possède pas, serre les dents. Puis nous nous engageons à le traverser à flanc de coteau en tapant des pieds, sans encombre. S'ensuit une interminable et poudreuse montée qui se raidit entre lave et sable. L'arrivée sur le bord du large cratère enneigé, à 6700 mètres, est une délivrance autant qu'une belle surprise. Elle marque notre première véritable pause. L'horizon s'est élargi sur une houle de dômes blanchoyés. L'élévation a érodé mon souffle et tué mon appétit depuis le départ. Nous nous forçons à boire avant de contourner lentement l'ancien chaudron, comme si nous perdions à notre tour notre vieille peau, tant ce replat nous rappelle notre plaine originelle où l'oxygène coule à flot. Un chaos de gros blocs échoués, résidus de la naissance de ce paysage-monde, ponctue la montée. La génération qui nous sépare creuse la distance entre nous. Du haut de la cheminée cuivrée, résidu de la caldeira, Yulia me fait signe que le seul passage « technique », équipé de cordes fixes usagées, est aisé.

Après une accolade et quelques photos, Yulia, qui souffre d'un mal d'altitude aigu, décide de descendre au plus vite et de m'attendre au cratère. C'est donc seul que je parviens au sommet chilien de l'Ojos del Salado (6 893 mètres) en un peu plus de sept heures de marche. Là, je découvre les quelques mots griffonnés par Olivier dans le livre d'or (logé dans un petit coffre) que les ascensionnistes peuvent signer pour preuve de leur passage. Dans un temps hors du temps, le récif de l'Ojos a briqué la frêle corde de mon âme de sourcier à la recherche des origines de la vie. Une joie pleine et simple liée à l'épuisement m'inonde comme une marée haute, une secousse sismique. Je décèle l'entrée vernienne au centre de la Terre, à la forge primordiale, l'extraction du principe de vie d'un puisatier. L'ascension d'un volcan est une dérive à son acmé : terre, feu et ciel… Un accord secret avec l'éclaté de la terre, la nostalgie de son unité primitive, la Pangée, lorsque le voyage n'existait pas. Je marche rêveusement sur le culmen, plein de reconnaissance de vivre, irradié par un paysage océanique qui laisse place aux histoires qu'on se raconte. De là-haut, je ne perçois plus ces frontières qui restreignent nos vies, comme si les limites de la géographie prédisposaient celles du cœur, plus souterraines.

Pour voir loin dans le temps, il me faut voir loin dans l'espace. Le volcan, assoupi depuis des millions d'années, fertilise mon imagination. Son sein grandit à mes yeux comme une puissance primitive, féminine et sacrée, à mesure que je m'y abandonne.

Cela fait bien soixante jours que je roule en altitude, la tête dans les nuages, pour atteindre la température du métal en fusion. A présent, je contemple la vue de toute mon âme. Sans angle mort ni de point aveugle. Je dérive dans un paysage en cloque qui m'enveloppe, son horizon s'évapore – a-t-il d'ailleurs jamais existé ? La nature est sans aucun doute ce grand tout, et ce « moi » un grain de poussière largué dans l'immensité. Je suis viscéralement pris de ce que Romain Rolland appelait un « sentiment océanique », qui abolit les frontières d'une manière absolue et produit une forme d'extase, celle de faire partie du cosmos.

Ri

Entre la terre et le ciel, entre le domaine des mortels et des immortels,
il y a des jonctions possibles, mais à des conditions très précises,
sans lesquelles toute ascension prématurée
est un sacrilège et une profanation.
Jacques Lacarrière

Au sommet, on contemple le monde comme si l'on venait d'une autre planète, à la fois vulnérable et limité, dissolu et régénéré. Sa beauté est souveraine, non empoisonnée par les hommes. Pour avoir parcouru la Terre en tous sens à vélo, je me sens proche des cosmonautes qui tous tapissent leur capsule de photos de verdure et ont un rapport quasi mystique de vénération et d'appartenance au globe. Victimes du vertigineux *overview effect* (effet de surplomb décrit par Ian O'Neill) par la mise en perspective directe de la situation de la Terre dans l'espace, ils s'émeuvent de « la planète bleue, minuscule et fragile, protégée et nourrie par une atmosphère mince comme une feuille de papier».

Regarder un paysage fait resurgir les strates enfouies de son existence: voir, c'est avoir vu. Quinze ans auparavant, j'avais tout fait pour retourner dans mon pays de cœur, le Tibet. Mais en troquant mon âme joyeuse de cyclonaute contre celle d'un prétendu «himalayiste» venu faire l'ascension du Cho Oyu (8 201 mètres), j'allais douloureusement crever mon ego comme un furoncle. Je rêvais de grands espaces et me retrouvai nain face au géant, oscillant à chaque pas entre le bien et le mal des montagnes. Contrairement à mes voyages à vélo, qui m'ont ouvert jusqu'à embrasser le vaste horizon, j'avais le sentiment que mon expédition himalayenne portait en elle des œillères, se repliait comme le nombril du monde. Sa débauche de matériel parlait d'elle-même. Je me sentais vivre hors sol, loin des Tibétains.

On ne part décidément pas «en expé» pour se régénérer, s'oxygéner[1] ou rencontrer les autres comme on le fait à vélo. Une petite voix cloîtrée en moi-même, presque inaudible, aussi lointaine que la cime du Cho Oyu, me hurlait déjà combien je m'étais fourvoyé en m'embarquant dans une telle entreprise. Je me demandais véritablement «qu'est-ce que je fais là[2]». Les hommes sont-ils des «êtres

1. Au niveau de la mer, l'homme est à 100 % de ses possibilités, alors qu'à 4 809 mètres (sommet du mont Blanc), il ne peut disposer que de 70 % de l'oxygène nécessaire à sa vie et seulement 30 % au-dessus de 8 000 mètres.
2. Clin d'œil au titre éponyme d'un livre de Bruce Chatwin (1940-1989).

d'enflure » soumis à une logique du débordement ou du trop-plein (*pleonexia*) comme l'a écrit Platon dans *La République* quatre siècles avant notre ère ?

Je ne jetterai la pierre à personne, mais l'altitude, semble-t-il, n'accompagne que rarement l'élévation des sentiments les uns pour les autres. L'adversité fait même quelquefois férocement resurgir la noirceur de nos ombres à un degré inconnu qu'on aurait préféré taire. Lors de cette expédition, chacun regagnait sa tente pour la nuit, là où son sac de couchage, ses matelas pneumatiques et sa bouteille pour uriner résumaient à eux seuls le confort d'un confinement volontaire. Camp de base à 5 700 mètres : lieu surréaliste de vaine attente qui ressemble à l'antichambre d'une incontrôlable fuite du temps. Adopter une attitude décontractée, le principe même du non-faire si cher à l'esprit zen, reste l'un des aspects les plus difficiles et frustrants d'une expédition. Mes quatre compagnons du moment, rompus à un rythme de travail exigeant, finirent par perdre patience. J'avouai moi aussi que la nonchalance, si nécessaire dans un voyage au long cours, ne me suffisait plus. Je me sentais entravé. A quoi donc ressemblait cette gent grimpante en proie à la surrection de ses humeurs ?

La faible présence de femmes, une petite dizaine pour plus de trois cents hommes, conférait au lieu une couche supplémentaire de rudesse. Le soleil cinglant de l'après-midi rendait la chaleur des tentes tout simplement accablante. On s'y cloîtrait par résignation, avec la crainte de perdre la forme par inertie, dévorant des livres qu'on n'aurait peut-être jamais lus en temps normal. On s'évadait, on rongeait son frein, on jouait aux cartes, on partait dans un roman comme à l'assaut du temps mort. L'appétit s'amenuisait. On était à dix mille lieues de l'image héroïque de l'himalayiste engagé au péril de sa vie ; ici, nous fleuretions plutôt avec le péril de l'ennui, bêtement recroquevillés dans quelques mètres cubes de tissus, à subir le temps qui se dilatait. Et si les journées étaient longues, que dire des nuits ! La vie paraissait interminable, futile et peu féconde. Entre torpeur et action, il fallait parfois croire à la lune pour contrebuter et maintenir le cap. J'avais peur d'absorber malgré moi l'humeur parfois tempétueuse du ciel. En attendant, le camp de base avancé s'était transformé en une sorte de « prison volontaire » dont on ne s'échappe par le haut que par jour de beau temps et par le bas que par manque de temps… Aucune montagne n'a jamais demandé qu'on la gravisse.

La logistique était lourde et onéreuse, mais incontournable. Je me sentais à des années-lumière de la simplicité, de l'improvisation et de la liberté d'un voyage à bicyclette. Cette aventure industrielle dégageait, quoi qu'on en dise, des relents colonialistes. La marche se faisait ici démarche : gravir un 8 000, c'était faire preuve d'un fort ego et exprimer l'envie de vivre une expérience inédite. En Europe, où l'on valorise la vitesse et la progression linéaire, des notions telles que le renoncement et le retour sont bien souvent associées à l'échec. Formons-nous une société qui se replie sur son nombril, à n'importe quel prix, jusqu'à en perdre son âme ? Face à la montagne, il n'y avait que l'Occidental pour s'épuiser en gestes inutiles.

La souveraine bien nommée « déesse de turquoise » (le nom tibétain du Cho Oyu) semblait cependant encore abordable. Sa vue me galvanisait autant qu'elle me noyait d'appréhension. Je me sentais otage d'une expédition que j'avais pourtant pleinement choisie, écrasé par un volume de roches et de glaces et tout à la fois porté par un immense sentiment de plénitude. Pour l'alpiniste, comme le dit l'adage, le sommet n'indique que la moitié du chemin. Ici, au pays des neiges éternelles, l'homme n'est pas à sa place. Le danger de mort, l'un des ressorts de l'alpiniste, se décuple et le manque d'oxygène le fait pâlir. A propos du mal d'altitude, je pensais au texte le plus ancien qui nous est parvenu d'un historien chinois trente ans avant Jésus-Christ. Les Tibétains l'appellent *damgiri* (crise respiratoire) ou *dugri* (poison de la montagne), les Boliviens *puna*, les Péruviens *soroche*, les Chinois *yen-chang* au Koko Nor et *chang chi* au Sichuan signifiant « vapeurs pestilentielles ». J'évaluais aussi à quel point la beauté à couper le souffle (dans les deux sens du terme) du Cho Oyu pouvait s'avérer cruelle au moindre caprice de la météo. Sur la chaîne himalayenne s'entrechoquaient déjà le front froid venu de Sibérie et l'humidité en provenance de la plaine indo-gangétique. Plus tard, le redouté jet stream annoncerait inexorablement la venue de la mousson. Si l'homme passe, la montagne demeure et l'on revient toujours de loin. Serai-je véritablement à la hauteur du sixième plus haut sommet du monde ?

A mesure que nous la gravissions, elle ne tarda pas à exacerber nos caractères si dissemblables, les révélant dans leur nudité absolue. Avivées par nos différences d'âges et de modes de vie, les premières fissures humaines se firent jour au sein du quintette. Il se trouvait des instants où l'on se sentait aussi solitaire et sans prévenance que le Cho Oyu lui-même. Egoïsme, honte à l'idée de devoir renoncer, de perdre la face pour x raisons, fierté mal placée, manque de communication, de sincérité, mauvaise humeur, susceptibilité, réactions en différé, etc. : aussi loin, aussi haut qu'on s'en aille, on oubliait parfois qu'on s'emportait d'abord soi-même. Tricher devenait impossible. Faut-il rappeler que nombre d'expéditions échouent précisément par manque de cohésion au sein du groupe ? Notre cordée au complet, gagnée momentanément par la lassitude, se retapait au camp de base avancé. Jour après jour, ce lieu sévère se voyait déserté. Nous rêvions d'un monde plus chaud, plus vaste qu'une tente de camping, un monde moins austère et hibernant, un monde de possibilités, de rencontres, de douceur. J'avais le douloureux sentiment de m'appauvrir.

Je montai au camp 1. Passé les drapeaux de prières du camp de base, je crapahutai sur la moraine dans un silence apaisant. J'avais badigeonné mon visage de crème solaire jusqu'à devenir aussi pâle qu'une chanteuse de l'opéra de Pékin. Les centaines de pénitents diaphanes du glacier de Gyalung prenaient des tonalités turquoise, laissant filtrer la lueur du jour naissant. A chacun de ses craquements, la terre m'ébranlait. J'arrivai enfin au pied du fameux *killer slope* (la pente du tueur), un pierrier soutenu de 400 mètres de dénivelé. A baisser les yeux vers mes chaussures, je concentrais mes forces pour maintenir mon souffle dérisoire sans le perdre, avec la régularité d'un coucou suisse. Mes bâtons crissaient à chaque avancée de mes bras sur un éboulis de roches brunes dont il aurait été vain de compter le nombre.

Passé la barre des 6400 mètres, j'accédai au camp 1, une dizaine de tentes colorées qui attiraient inévitablement le regard sur un replat neigeux d'une blancheur aveuglante. J'entendais le toussotement rauque et peu rassurant d'alpinistes en proie au mal des montagnes. Une trace verticale indiquait le passage d'ascensionnistes qui, à la vitesse de scarabées, montaient machinalement au camp 2 (7200 mètres). Le temps semblait suspendu; chaque grimpeur équipé comme un guerrier avançait au ralenti, sa démarche chloroformée le ramenant à lui seul, une portion congrue de vie…

Durant la nuit, je fus pris d'une diarrhée fulgurante. La matinée suivante, habillés de chaussures dignes de cosmonautes et de combinaisons en duvet, nous attaquâmes l'*ice fall*, cette pente de glace d'environ quarante-cinq degrés aperçue la veille, où pendaient quelques cordes fixes. Le vent soufflait violemment. J'avoue qu'il me manquait de la pratique pour gravir cette paroi glacée à une cadence suffisante, et c'est grâce à l'aide d'un de mes compagnons de cordée que je pus monter, péniblement, en parallèle, une main arrimée à une poignée blocante, l'autre au piolet.

La voie normale débouchait sur un plateau où le calme succédait à la tempête. Nous nous hissâmes ensuite sur un mur verglacé moins pentu et, quelques heures plus tard, atteignîmes le camp 2, composé d'une petite dizaine de tentes. Jusque-là, chaque pas m'avait coûté. La détestable pensée d'avoir pris irrémédiablement vingt ans me foudroya.

Comme nous avions prévu de poursuivre l'ascension à vingt-deux heures, nous n'avions pas emporté de sacs de couchage et nous nous glissâmes dans des tentes montées par d'autres expéditions. Hélas, un vent furibond souffla cette nuit-là. Dans nos tentes, il faisait entre moins vingt et moins trente. Une couche épaisse de glace en recouvrait l'intérieur ainsi que le dessus des sacs de couchage laissés par d'autres himalayistes. Nous n'attendions qu'une chose : le lever du soleil. Au réveil, j'étais exténué. L'un d'entre nous vomit. Nous décidâmes de redescendre ensemble au camp 1. Un seul de nous cinq atteignit ce jour-là le camp 3 (7 500 mètres), accompagné pour un temps par un membre du groupe. 7 200 mètres, tempête et froid mordant : ressemblera-t-il à jamais à cette pitoyable situation, le vain plus haut point mesuré de ma vie ?

Le lendemain, mon pas était hésitant et lourd. Je dansais sur un volcan, je me trompais de lexique. A l'ice fall, je me lançai à la suite d'un de mes compagnons, lié à l'une des cordes fixes par un nœud autobloquant. Soudain, mon piolet ripa, mes crampons griffèrent maladroitement la pente verglacée, ce fut la chute. Tout bascula tellement rapidement que je n'eus même pas le temps de me faire peur. Je me cognais à la dureté du réel. La montagne semblait me rejeter, mais en réalité, c'était mon épuisement et mon inexpérience qui apparaissaient cruellement au grand jour. Le nœud, finalement salvateur, me bloqua quelque dix mètres plus bas. Mon *CamelBak* (sac à eau) et une moufle avaient glissé sur le dévers. Bien vite, je repris souffle et esprit. Mon compagnon d'expédition remonta un peu pour me débloquer puis faire coulisser mon sac de montagne sur la corde fixe. Je marchai balourd, bénissant la gravitation de m'attirer cette fois-ci d'une tape amicale et parvins au camp 1 bien après lui. Je me sentais pétrifié, à bout de force.

De retour au camp de base, pour la première fois, je tournai définitivement le dos à cette montagne pour laquelle nous étions venus d'un bon quart de planète. Je ne ressentais ni déroute ni défaite, ni débandade ou résignation, mais un juste retour des choses et, en prime, l'air le plus respirable de la vie. En ouvrant ma tente le lendemain matin, je vis que le Cho Oyu était toujours là, majestueux comme au premier jour. L'immuable déesse de turquoise me semblait même avoir pris de la noblesse. J'étais soufflé, comme elle. Mes yeux pouvaient parcourir inlassablement ses flancs, mais aussi apprécier de lui tourner le dos, vers le nord, sans doute pour ne pas le perdre. De me rappeler aussi que le corps, avec sa mémoire infaillible, reste en toutes circonstances notre meilleur garde-fou. Pourvu qu'on en revienne entier, émotionnellement, on réalisait que la beauté naît du regard. Fallait-il coûte que coûte atteindre le sommet ? Il était temps pour moi de faire mon mea culpa, de me libérer de mes différentes couches de vêtements protecteurs et surdimensionnés devenus si encombrants, de m'imprégner du souvenir et de remettre un pied devant l'autre sur l'élément terre. Pour ne jamais rompre « l'âme de la corde », comme on dit dans le milieu de l'alpinisme, c'est-à-dire le fuseau d'une corde à la gaine entaillée qui, s'il lâchait, entraînerait une mort certaine. L'image m'est si parlante qu'elle s'applique à la préservation même de mon être nu. Celui-ci n'est relié à aucun lieu, à aucune cime, aussi haute soit-elle, mais à l'écoute en profondeur du chant du monde. Les Tibétains qui vivent toute l'année en Himalaya – l'arête dorsale la plus élevée de la Terre – le savent bien. Ainsi désignent-ils la montagne par *Ri*, littéralement « la piste de danse des dieux ». Je me sentais en effraction, infime irruption, heureux de tout et souvent de rien. Sommes-nous donc jamais les prétendus auteurs de nos vies ?

Je m'étais outrageusement dévoyé et me tançai pour la futilité de cette quête de la cime qui m'avait obsédé. Il était temps de m'esquiver de sa surface rugueuse, de fuir à jamais cette aventure millimétrée, d'élaguer mes regrets en sauvant mes désirs. Rien à conquérir, tout à chérir. Faire preuve de sagacité, remettre l'ouvrage sur le métier en renouant avec ma passion : pas la corde, mais la route…

De retour à Genève, la déesse de turquoise ne ressemblait plus qu'à une antécime masquant « mon » véritable sommet : un voyage à vélo d'une durée indéterminée avec ma compagne d'alors. L'assouvissement de pédaler exprime et décuple tellement mieux ma vitalité ! C'est ainsi que, quelques mois plus tard, je partis avec Nathalie Pellegrinelli en mettant le cap sur l'Afrique du Nord, pour n'en revenir que trois ans plus tard[3]…

3. Claude Marthaler, *Entre selle et terre, 3 ans à vélo en Afrique et en Asie*, Editions Olizane, 2009.

L'écume des cimes

Il est des routes qui vont au feu,
d'autres aux cimes, d'autres aux villages.
A chacun la sienne. J'ignore ce qu'est la pureté,
mais je sais que la folie est de ne pas suivre sa route.
Henri Gougaud

L'Ojos del Salado est une montagne plus ronde que le Cho Oyu, faussement assoupie, qui bouillonne en profondeur. Déposant mon sac au sommet, je m'appuie contre sa lave refroidie depuis si longtemps, voulant croire m'être élevé, sans pourtant jamais atteindre ma vitesse de libération, car le sommet est une impasse, un lieu plat où le temps se courbe, un monde plus grand. Mais les hauts sommets, plus que les autres encore, détiennent cette faculté d'attirer la lumière les premiers, sans jamais cependant s'en emparer. La montagne ne nous prête sa hauteur qu'un instant.

Certains de ces instants, précisément, comptent plus que d'autres. Tout là-haut, à la « source enneigée de la rivière Salado » (autre traduction française de l'Ojos del Salado), je vis un rêve éveillé d'homme-frontière où ce que j'ai été dévore ce que je suis. Je creuse, creuse encore mon trou, pour retrouver mon socle, blotti contre la montagne à téter les maigres quarante pourcents d'oxygène qu'elle m'octroie. En assyrien, le mot « mourir » se disait précisément « saisir la montagne ». Je suis venu m'épuiser, car de tout ce qu'il aime, l'homme doit se séparer. Jusque-là, le vélo m'avait soulevé de terre sur ses deux coussins d'air. Il était mon barycentre existentiel, ouvert aux quatre vents. Je fendais l'espace, luttais parfois d'arrache-pied contre une bourrasque, mais l'idée même que l'air se refermât derrière moi sans aucun chuintement me rendait, et aujourd'hui encore, tout simplement heureux d'exister.

Soleil au-dessus des nuages, attrition sur la croûte terrestre, j'ai appris par le corps et son mouvement ancestral de balancier : pour avancer et vivre intensément, il faut demeurer dans l'incertitude. Le noyau dur du volcan peut se liquéfier à chaque instant et ce prétentieux « moi » disparaître à jamais. Dans les yeux de sel se reflètent les miens : je prends toujours des risques, mais contrairement à la tentation du Cho Oyu, ceux-là m'appartiennent pleinement. Je continue à habiter des feux allumés, cependant que mon vélo – ma manière de penser le monde – m'attend sagement au pied du volcan. Contre la pensée unique, une pensée… unique, en conscience. Trouver sa nature ou la nature des choses, la monade, est sans doute une question à mille et une réponses. « Continuez à frapper et la joie finira par ouvrir une fenêtre pour regarder qui est là » écrivit Rûmi, le poète mystique persan.

Sur la ligne de crête, je m'abandonne à l'horizon, point de suture entre ciel et terre. Le haut volcan, qui affronte bien des tempêtes, m'accorde un instant son havre de paix pour que j'y abandonne mon exuvie. Après la marche ascensionnelle la démarche avinée. En quittant « ma » montagne cosmique et, du même coup, mon Imago mundi, je dérobe aux dieux un fragment égaré de la lumière des cimes qui brillera encore longtemps dans mes pupilles.

Je redescends la cheminée, son puits de lumière, puis croise Alberto et son client qui montent péniblement ; tous les autres ont fait demi-tour. La marche, comment ça marche ? Je lutte contre mon propre éparpillement, la houle figée sous mes pas, rassemblant les morceaux sans dérouter. La sente empierrée force alors l'horizon à s'abaisser : l'art de se caller sur les gestes du devant soi, un pas après l'autre, comme si les actions fulgurantes se condamnaient d'elles-mêmes à l'épuisement. Le vaste cratère décrit un cercle vertueux. De mes pas, j'imprime mon ciel intérieur sur la neige. Sous sa blancheur liliale bouillonne le monde qui me précède. Si l'Ojos éternuait comme le Tambora, il redéfinirait le cours du monde.

En deux heures de descente sur les couches de lave, de pierre ponce et de cendres volcaniques, la force de gravitation pille mes dernières cartouches. Le devers du volcan se gonfle comme une baleine. Après avoir franchi ensemble le névé sans ambages, Yulia file comme un songe. Elle m'attendra au refuge Tejos. Les traînées blanchâtres de sel ou de neige se confondent à distance. Parvenu au refuge, je sombre sur un matelas. Yulia se repose déjà depuis un moment. Nous cuisinons ensuite une purée de pommes de terre, buvons du thé chaud à foison, puis reprenons la piste cahin-caha jusqu'au refuge d'Atacama, déserté. Nous nous installons dans l'abri de bois en forme de tente canadienne et cuisinons avec le peu d'eau qui nous reste. La rivière en contrebas, qui a donné son nom au volcan, est hélas saturée de sel. L'immuable Ojos del Salado nous surplombe et nous mesurons à présent sa véritable grandeur. Il est le second sommet le plus haut de l'hémisphère sud, avec soixante-neuf mètres de moins seulement que l'Aconcagua.

Nous l'avons foulé furtivement, comme dans un rêve génésiaque, lui nous marquera durablement de son empreinte. Plus rien ne nous importe désormais que le long chemin du retour… Comme l'a si bien dit Goethe: « L'étonnement est le plus haut sommet que l'homme puisse atteindre ; et si le premier phénomène venu l'étonne, laissons-le à sa joie ; rien de plus élevé ne peut lui être offert, et il ne doit rien chercher de plus derrière cela ; telle est la limite. » Mais loin d'incarner une sentinelle indispensable à tempérer la folie des hommes, le plus haut volcan du monde attise au contraire leurs tentatives de record. Sa dernière éruption massive il y a mille cinq cents ans a donné naissance à de nombreux cônes affiliés, et notamment le lac le plus haut du monde situé sur le versant argentin à 6390 mètres d'altitude. Une expédition s'apprêtait même à y établir un record mondial de paddle en altitude!

Le lendemain, c'est quelque peu groggys par l'effort que nous rassemblons nos affaires hétéroclites, mangeons indéfiniment et fonctionnons au ralenti. Affaiblis, nous ressentons notre isolement au plus fort dans cet univers inhospitalier privé d'eau douce et de vie. Comme une tempête était annoncée pour les prochains jours et que, vers midi, toujours aucun bruit de véhicule ne se fait entendre, nous nous mettons en route à pied à contrecœur. Je me sens lessivé, la montagne m'a travaillé au corps. Les sacs lourds scient nos épaules, mes jambes me soutiennent, mais pour combien de temps encore? Je m'arrête souvent pour poser mon barda. Yulia me distance assez vite. Au bout de huit kilomètres, c'est la délivrance: un couple de Québécois en quatre-quatre, rencontré il y a quelques jours, nous emmène jusqu'à la Laguna Verde.

Voyager développe un point de vue instinctif et anthropologique: au camp de base, derrière chaque andiniste rencontré, je devine naturellement ses origines culturelles et sa démarche personnelle. Le monde que j'ai traversé pendant seize ans à vélo, je le parcours maintenant un peu plus vite. Le campement au bord de la Laguna Verde est une tour de Babel composée de gens qui tous prennent au sérieux un acte d'aucune utilité: grimper. Ici, une «expé» bolivienne dotée d'un bus AS russe antédiluvien recouvert d'une peinture de montagnes emmène trois clients autrichiens. Là, un groupe d'étudiants d'une université anglaise manque d'eau et s'apprête à redescendre prématurément. Là encore, une expédition russo-ukrainienne commerciale, organisée d'une main de fer par Viktor – une légende russe de l'himalayisme qui a gravi cinq fois l'Everest par trois voies différentes, dont la face nord, et s'est déjà rendu vingt-deux fois à l'Ojos, et presque autant à l'Aconcagua – a établi son quartier général dans la vétuste baraque qui servait au contrôle des permis, un passage en force qui déplaît à tous les autres grimpeurs. Je reconnais là tout l'esprit russe brut de décoffrage, le viril surhomme qui met le paquet pour maîtriser la nature. Avec les Russes, c'est tout ou rien : ils sont partis de nuit, à dix heures du soir, suréquipés comme pour un 8 000, et seraient montés en voiture jusqu'à 6 100 mètres ! Certains ont gravi le sommet. L'un des véhicules a calé et a été abandonné sur place. Entre tranches de lard, melons, avocats et canapés, on parle d'une « expédition express » pour aller le récupérer. Leurs visages bourrus sont marqués par le froid, et beaucoup arborent un air de nouveau riche, de ceux qui veulent à tout prix garnir leur tableau de chasse de hauts sommets. Deux femmes très masculines, bras droit de Viktor, s'agitent comme des toupies. Comme Yulia est plutôt douce et parle couramment le russe, l'ambiance se détend. Ils nous invitent au thé. Comme partout dans le monde, le partage d'une boisson chaude est un rituel qui instaure un temps paisible et étiré. Ils s'apprêtent toutefois à redescendre pour passer quelques jours sur une plage au bord du Pacifique, avant d'enchaîner une ascension de l'Aconcagua. Parmi les clients, plusieurs se sont déjà inscrits pour tenter de gravir l'Everest au printemps. Extrêmes dans tout, les Russes le sont aussi dans leur générosité, ils nous laissent un trésor de guerre : des fruits et des légumes frais, et de l'eau potable !

Yulia et moi prenons possession des lieux. Je me trempe dans le rudimentaire bain d'eau chaude aménagé à l'intérieur de la cahute. Légèrement à l'écart s'est installée une expédition internationale de camions tout-terrain prototypes. Ultra-équipée et bardée de logos, elle se prétend scientifique. Ses membres sont peu loquaces, très froids et ont les yeux rivés sur leurs ordinateurs. Personne ne sait au juste ce qu'ils font, s'ils cherchent de l'or ou de l'eau, ou étudient les gaz volcaniques. Ils ont installé une radio alimentée de panneaux solaires à quatre refuges d'altitude et battront en décembre 2019 le record du monde d'altitude pour un camion : 6694 mètres ! Esprit de conquête, nature en otage ou en décor pour des performances technologiques sous couvert d'exploits humains héroïques…

Le vent fait couiner tôles et planches de notre demeure de fortune. Le temps de la récupération, lorsqu'on traîne en soi une bienheureuse érosion, est aussi un temps propice aux confidences. Je commence à comprendre la vie de Yulia qui travaille comme guide de voyage : père alcoolique, mère en chaise roulante morte jeune, dont elle a dû longtemps s'occuper. Tout comme Olivier qui a fui un métier contrariant après de longues études et une mère dépressive. Prendre la route, se fondre dans la pure action, se sauver : le grand dehors comme guérison. Ceux qui restent ne le soupçonnent pas et ceux qui partent le découvrent : fréquenter les lointains permet souvent le rapprochement.

Au matin, la Laguna Verde est déchaînée, le vent insatiable du Pacifique fouette l'étendue sans relâche. A peine sorti du camp de base, une fois mes bagages harnachés sur mon « exosquelette », je retrouve ma condition de voyageur relié. Mais j'ai aussi l'impression de m'arracher d'un cocon confortable. C'est souvent ainsi en voyage : il y aurait mille et une raisons de rester calfeutré et aucune de poursuivre. Un vent frontal et acharné me cravache. Il ne me lâchera plus. Courbé, je marche le plus souvent afin d'éviter de tomber de mon vélo, car je ne progresse qu'à une allure oscillant entre 2,6 à 6 kilomètres à l'heure, m'arrête régulièrement. Je me sens pourtant « fait pour », proche de mon ancêtre Néandertal dont le domaine de chasse s'étendait sur cent kilomètres. S'il surmonte sa douleur, de tous les animaux l'humain est le plus endurant. A tel point qu'en Afrique, il pratique encore la chasse dite à l'épuisement : le gibier est pourchassé jusqu'à ce que le chasseur n'ait plus qu'à s'en approcher en marchant pour l'abattre. L'homme serait aussi, supposément, le seul être vivant capable de spéculation mathématique et d'aspiration esthétique pour le paysage, mais à quoi bon sur ce ruban d'asphalte qui se dresse sans aucun virage et n'offre aucun abri ?

Je traîne une vieille fatigue à laquelle le vent s'agrippe, sous un ultime regard imperturbable des « yeux de sel ». Tout là-haut, sur son éruption congelée, j'aurais été à l'instant carrément soufflé. Des blocs de roches claires annoncent les Barrancas Blancas et le cerro de las Tres Cruces, volcans à plusieurs têtes entre lesquelles s'engouffre le vent impitoyable. Il transforme la faible pente au col de Piedra Pomez (4575 mètres) en redoutable obstacle. Je me sens impuissant, solitaire comme la Terre isolée dans le vaste Univers.

Le vent incendiaire tire quelques obscures forces des courants de lave souterrains. Selon la théorie très positive de d'Holbach et Jaucourt – géniale intuition de la future théorie de la tectonique des plaques – exposée dans l'*Encyclopédie* de Diderot, les phénomènes volcaniques sont un « bienfait de la nature ». Ils servent de « soupiraux aux embrasements de la terre » et « fournissent » ainsi « un libre passage » au feu, à l'air et à l'eau, ce qui évite des « ravages » plus importants. De plus, d'Holbach avance une hypothèse de ce que l'on entrevoit aujourd'hui avec les arbres, à savoir que les volcans communiqueraient entre eux d'une façon réticulaire : « Les embrasements de la terre semblent se propager par des canaux souterrains à des distances prodigieuses. » On n'enchaîne pas les volcans, ils sont partout à l'œuvre : terrestres, sous-marins, extra-terrestres... Passé et présent scellent leur destin et me broient. Tout n'est que flux.

Quarante-cinq kilomètres plus loin, c'est à coups de pierre que j'arrime ma tente à la ceinture de feu du

Pacifique et de ses quatre cent cinquante-deux volcans. Puis je couche mon vélo sur le sable. Ce véhicule déplace si bien l'homme que ce dernier ne se trouve jamais au centre de l'Univers, ni au-dessus, mais en plein dedans. La juste place de l'humain dans l'Univers, c'est la selle et son « équilibre instable » : effleurer la terre en tremblant et faire entrer le monde entier en soi. L'impression d'ouvrir des voies, éphémères comme la gestuelle de l'alpiniste. Au vent d'effacer mes traces.

Ce qui est vrai du voyageur l'est aussi de son matériel, sa « chair extérieure » : chaque chose se trouve au bon endroit, douée de vie, comme un utile contrepoids à sa voisine, à l'équilibre de l'ensemble, à condition toutefois de tasser un peu. Sur mon vélo, la sacoche avant gauche contient ma batterie de cuisine, un filtre à eau et mon réchaud qui, chaque soir, crache bruyamment son minuscule jet plinien. La droite recèle l'outillage pour parer aux éventuelles défaillances de ma monture. La sacoche de guidon est un cockpit : carte géographique, compteur kilométrique, appareil photo, carnet de notes. Les sacoches arrière, quant à elles, renferment des réserves de nourriture et des habits chauds. Le sac de couchage, le matelas gonflable et la tente sont compressés dans le sac à dos.

La nuit, le dôme formé par la toile de tente trace une ondoyante frontière semi-perméable qui prend le relais de ma peau et de mes vêtements. Cette troisième membrane symbolise le contact même et l'enveloppe fœtale. Elle absorbe la température, la lueur du ciel, la texture de l'obscurité. Elle flotte au vent comme une voile. Telle la bicyclette qui m'incorpore au monde, la tente épouse le vivant. Elle rejoint l'idée même que la vie est profondément symbiotique, à l'image des soixante-cinq pourcents d'eau qui constituent le corps humain et des bactéries vieilles de quatre milliards d'années. Nous sommes des êtres essentiellement composés et nous savons que les problèmes de peau nous indiquent souvent des conflits de séparation. « Tous les êtres circulent les uns dans les autres, par conséquent toutes les espèces… tout est en un flux perpétuel… Tout animal est plus ou moins homme; tout minéral est plus ou moins plante; toute plante est plus ou moins animal. Il n'y a rien de précis en nature (…) Toute chose est plus ou moins une chose quelconque, plus ou moins terre, plus ou moins eau, plus ou moins air, plus ou moins feu; plus ou moins d'un règne ou d'un autre… donc rien n'est de l'essence d'un être particulier… » (*Le rêve de d'Alembert,* Denis Diderot) L'étanchéité est contre nature: une pensée ou un pays fermé, tout comme une maison hermétique, finit par pourrir du dedans. Trop gourmand et calfaté, un être ou un empire finit par éclater. Nous sommes des vivants parmi les vivants. « Ce n'est que lorsque nous reconnaissons que la vie qui nous anime et nous traverse est la même que celle qui anime et traverse un pissenlit, un oiseau du paradis, mais aussi les champignons et les bactéries ou virus qui ont causé tant de morts que nous pouvons changer notre regard. Face à cette identité, toute propriété, toute frontière perd sa signification. (…) Nous sommes tous une seule et même vie, qui ne cesse de produire des formes différentes sans changer sa substance. » (Emanuele Coccia)

La géographie est respiratoire ou n'est pas. Allongé sur le dos, je contemple le monde à l'envers. En tibétain, *namdu,* le « bateau dans le ciel », signifie l'avion. Les yeux noyés dans la mer cosmique, il n'y a pas d'intérieur, ni d'extérieur, il y a, et c'est un présent. De toutes les constructions humaines, c'est la tente, cet ultime microcosme de toiles, qui résiste le mieux au tremblement de terre : comme la bicyclette, ce terrier du voyageur tremble lui-même, antidote suprême à la « siliconisation du monde » selon l'expression de l'écrivain et philosophe Eric Sadin. Il faut enfourcher le monde ad vitam æternam, même si le vent choisit toujours sa direction. L'idée motrice : s'indéfinir et regarder loin devant, en une sorte de « bienheureuse insécurité » telle que définie par Alan Watts.

Le volcan-sœur

L'amour lui avait fait oublier son incapacité à être au monde
et à affronter sereinement l'Incertitude,
ce pas de danse au-dessus du volcan que chaque être
est condamné à esquisser dès la naissance.
Olivier Guez

La nuit est froide, transpercée par le sifflement du vent. Je me réveille, emmitouflé dans plusieurs couches de vêtements, avec la terre pour oreiller. Je soulève un dais de la tente, engourdi mais transfiguré, près du col de Tres Cruces (4386 mètres). Le vent est tombé, le soleil me monde. Un petit baraquement rouge sang marque le col. Une piste se meurt en direction du volcan Tres Cruces (6749 mètres) qui déplie sa trinité de cimes en accordéon tandis que se rassemblent les ruisseaux surgissant à leur pied. Dans un canyon latéral coulent la rivière Llamas bordée d'un écrin doré de paya brava et même une improbable cascade. La descente se fond dans un large plateau et au Salar de Maricunga. Elle mène droit à une douane du bout du monde, bien dérisoire face au paysage démesuré, un point de passage où je dois impérativement me rendre pour faire apposer dans mon passeport un tampon d'entrée au Chili.

Thermomètres de géopolitique, les postes-frontières concentrent tous les différends des pays qu'ils séparent. Le barbare, c'est toujours celui d'en face. Ce poste-ci ne fait pas exception. Chiliens et Argentins se disputent depuis leur création (1810) d'importants territoires en Patagonie. Durant la guerre des Malouines (1982) entre le Royaume-Uni et l'Argentine, le Chili a mis ses aéroports à disposition de l'aviation anglaise, ce qui n'a rien arrangé… La mise en quarantaine de part et d'autre des produits frais, viande, fruits et légumes, traduit cet antagonisme. Aussi le douanier me conseille de tout manger durant la nuit, car demain matin, menace-t-il, il procédera à une fouille. Privé de toute distraction, même de WiFi, son déracinement dans ce lieu sans âme situé aux confins est perceptible dans son noir regard empli de frustration.

Cela fait onze jours que je me trouve illégalement au Chili et sans permis d'ascension de l'Ojos del Salado, mais la torpeur du douanier qui m'apparaît d'emblée inspirée par la vacuité du paysage, joue en ma faveur. Content d'échanger quelques mots, le veule planton abat son tampon, me fait remplir un formulaire et m'indique gentiment de la main la porte de la chambre mise à disposition des cyclistes pour la nuit. Là, j'ai le plaisir de retrouver une vieille connaissance : Olivier. Il me raconte qu'il attend désespérément de récupérer sa voiture chilienne bloquée par un imbroglio administratif. Par chance, ce contretemps prend fin le soir même et Olivier peut enfin se diriger vers l'Argentine. Tout occupé jusque-là sur le sort à réserver à la voiture d'Olivier, le douanier ne porte aucune attention aux affaires personnelles de mon ami. J'en profite pour lui confier un sac de nourriture fraîche qu'il me planquera un peu plus loin sous un tas de cailloux.

Le dortoir consiste en trois lits superposés, dont ceux du haut menacent à chaque instant de s'effondrer. Saisissant qu'ici tout ce qui est interdit est permis, je transforme aussitôt l'endroit en une chambre à coucher-cuisine idéale, c'est-à-dire en un coin au chaud et à l'abri du vent. A 3755 mètres d'altitude, l'air est soudainement gorgé d'oxygène et mon réchaud démarre au quart de tour. Les douaniers de la relève viennent jouer au billard en attendant une hypothétique arrivée de voyageurs. Débarquent alors Galina et Andreï, un couple de cyclistes de Crimée en route pour un voyage de trois mois et demi. Autour d'un thé noir, nous partageons une plaque de chocolat de trois cents grammes abandonnée par l'expédition russe et décidons de parcourir un bout de chemin ensemble dès le lendemain matin. Branchée jour et nuit, la grosse machine ronflante à rayons X qui avale les bagages dans sa gueule ouverte et permet de contrôler leur contenu, dégage un vacarme surréaliste dans cette bâtisse plantée hors sol.

Au commencement, il y a la route. Notre trio s'ébroue sur le jet d'asphalte solitaire. La douane d'Aduana Maricunga disparaît bientôt derrière nous pour ne subsister que dans notre conversation. Une fois quitté le noir goudron, chercher le fond le plus solide de la piste ensablée – la stabilité – s'avère une quête impossible. Voilà que le relief nous réduit en poussière et distend le chimérique horizon et sa supposée promesse. Le soleil cogne deux fois, réfléchi par le sable clair. Il n'y a pas de raccourci, ni de stabilité – y en a-t-il jamais eu? –, mais un seul chemin qui reste à inventer. Le vent qui balaie le paysage minéral nous ponce. Galina et Andreï, plus jeunes et nettement moins chargés que moi, sont équipés de vélos à gros pneus qui résistent bien à la désagrégation du sol. Je n'ai, pour ma part, aucun aplomb, aucune prise que celle de mes mains contre le guidon et sous ma selle; mon corps est à l'équerre et mes pieds s'enfoncent à chaque pas. Au terme de quinze kilomètres se dessine un container bleu posé à terre. Des travailleurs chiliens recherchent de l'eau. Ils nous offrent leurs boissons et leurs sandwichs… et une connexion internet. Nous voici rivés sur nos écrans de téléphone, chacun isolé dans son monde, nous extirpant de notre labeur de Sisyphe, avant de replonger dans les ornières ensablées.

La Laguna Santa Rosa (3 753 mètres), avec ses flamants roses visibles à distance, se love derrière un renflement. Recouverte en partie d'une couche de sel, sa couleur turquoise ourlée de paya brava jaune scintille comme un mirage dans ce désert ocre et noirâtre. Nous campons dans cette zone au biotope fragile où, comme partout, l'animal férin, c'est l'homme. Ici plus qu'ailleurs, le moindre de ses faux pas s'avérerait dévastateur. Mes paupières closes retiennent l'écume du paysage.

Le lendemain, Galina et Andreï poursuivent en direction de Copiapó au bord du Pacifique, d'où ils prendront un bus pour un long trajet, car ils tiennent à tout prix à pédaler en Patagonie. Je m'accole plein sud à la cordillère des Andes, cette colonne vertébrale de plus de sept mille kilomètres du continent sud-américain qui enserre le Chili contre sa façade océanique. La piste de sable, entretenue par tronçons pour exploiter la mine de Maricunga, préfigure le désert : l'eau de la rivière disparaît, captée pas des installations de pompage. Libérée de ses entraves, elle en ressort colorée et toxique. La nature est ici l'esclave de l'homme au nom du « progrès » inscrit dans la croissance infinie. Dans le paysage volcanique rougeâtre qui s'abaisse, les chauffeurs de la mine s'arrêtent constamment pour m'offrir leur bienvenu pique-nique de midi (sandwichs poulet-fromage) et de l'eau potable embouteillée. Comme souvent, c'est la fatigue de mon corps qui, à elle seule, décide de mon coin de bivouac.

A la tombée du jour, le froid s'abat, tranchant comme un silex. Les derniers névés se fondent dans l'obscurité, les étoiles dansent. Je m'oublie sans peine à la nuit soyeuse : la nature m'a toujours préservé. Engoncé dans mon sac de couchage et baigné dans l'opacité du petit matin, j'entends soudainement une voiture qui s'arrête, les pas d'un homme qui s'approche, puis sa voix. Il me glisse subrepticement un repas et à boire sous l'auvent de ma tente. Mon ange gardien disparaît comme il est venu. Ils seront nombreux aujourd'hui à se détourner de leur mission professionnelle pour me ravitailler et me prodiguer des conseils quant à la piste à suivre. Mais le supposé « raccourci » est si ensablé qu'il m'expédie dans une réclusion solitaire où chacun de mes pas s'enlise. Mes yeux se brouillent dans ce paysage rugueux et salé qui rudoie autant qu'il révèle. Deux légères montées m'abritent du vent et, quand bien même la déclive persiste, la gravitation m'assure une certaine prise au sol.

J'aperçois enfin la miraculeuse Laguna Negro Francisco (4 112 mètres) et ses rives nacrées. Elle se compose de deux lagunes séparées par des alluvions. L'une, de couleur grise, saturée de sel (quatre fois plus que la mer), et l'autre, bien moins salée et teintée de bleu turquoise. Le plan d'eau abrite une zone de nidification de trois variétés de flamants roses et accueille aussi une quinzaine d'oiseaux différents. Loin de disparaître, mon éreintement exalte cette beauté fragile dominée par le majestueux volcan Copiapó (6 052 mètres). Sa présence dégage un puissant rappel de déjà-vu : comme un sein pour un enfant, sa forme généreuse représente le sommet du monde. Les derniers rayons du soleil dilatent mes pupilles et gonflent mon âme. Mon corps semble régenté par son rythme circadien, mais l'immensité affecte joyeusement ma perception du temps. Mes émotions à fleur de peau portent une sincérité indocile et viscérale, se heurtent à l'insuffisance du langage. J'ai le sentiment que la nature souveraine et protectrice m'a depuis longtemps écarté de la compagnie des hommes et parfois préservé de leur furie, mais qu'il est bon, ce soir-là, de connaître pour une fois ma destination : un refuge du service forestier chilien situé aux confins de la lagune.

Construit en pierres taillées et en bois, le matériau de ce rustique édifice me ramène soudainement à l'existence des arbres et la voiture parquée devant à la présence d'humains. Mes feux intérieurs rougeoient encore d'une gloire timide que je retiens désormais prudemment en moi, de peur qu'elle ne s'éteigne : descendre d'une haute montagne s'apparente à un songe. J'entre dans le refuge avec un air halluciné, irradié d'une joie débordante et perçois des paroles, puis distingue des corps et entrevois des visages.

Dès le premier instant, son regard me foudroie comme un éclair. « Avant de prononcer le mot 'femme', on devrait se rincer la bouche en buvant du thé parfumé infusé avec de l'eau pure. » (Cao Xueqin) Mais mon attention est aussitôt captée par la conversation de quelques marcheurs rapportant de terribles nouvelles du monde d'en bas : depuis le 19 octobre 2019, les Chiliens manifestent chaque jour dans la rue. L'un d'eux m'explique : « Dans notre pays, tout est privatisé, l'eau et l'électricité appartiennent à des compagnies espagnoles. Sept grandes familles chiliennes se partagent le littoral qui s'étire sur quelque quatre mille trois cents kilomètres jusqu'au cap Horn. » Le coup d'Etat du général Pinochet en 1973 a servi de laboratoire humain à la dévastatrice théorie économique de Milton Friedman. Son application continue d'engendrer un traumatisme tellurique, les inégalités sont criantes et croissantes, les pensions très maigres. A force de naviguer sur les hauteurs à l'abri des rumeurs, on en oublie que, dans les basses terres, l'austérité peut être politique autant que naturelle. Et celle-ci n'existe que si quelqu'un est là pour la raconter. La rue gronde au Chili, mais aussi en Bolivie, en Argentine…

Pendant tout ce temps, elle n'a cessé de me dévisager avec ardeur, me transmettant un flux souterrain, formidablement secret et embarrassant duquel je me débats pour n'en rien paraître, me détournant de moi-même à touiller les spaghettis sur mon réchaud. Son être a éclipsé la présence de son compagnon et de ses deux amis. Sa beauté éclatante de jeune femme aux longs cheveux noirs a suffi à me faire chavirer, mais il y a bien plus que cela. Loin d'étouffer nos feux intérieurs, son regard m'incendie. En une seconde d'une longueur infinie, j'ai rencontré un volcan-sœur. Son visage incarne son pays, les commissures de ses lèvres mon horizon. Sa contrée est un corps, ondulant comme ce haut plateau de volcans bombés, attisant cette vibrante certitude que nous aurions pu refaire le monde et partir loin ensemble, très loin, le temps d'une nuit, et danser sur un océan de volupté… Ce n'est certes ni le moment, ni le lieu, mais à cet instant précis, notre incontrôlable complicité pourrait donner au seul conte la force d'exister. N'y a-t-il pas de hasard, que des rendez-vous ?

L'air de rien, nous mangeons tous ensemble autour d'une table couverte de fourbi en vrac, et quelqu'un m'offre un solide morceau d'*asado* (une grillade) qui me ravigote. On évoque les cimes et tout simplement la vie, mais l'un des marcheurs souffre d'un mal aigu des montagnes, à tel point qu'il finit par sortir pour aller vomir. Nettoyage, conciliabules au grand air. Je leur conseille de redescendre au plus vite, ne serait-ce qu'au poste-frontière à quatre cents mètres plus bas, à peine. Ce qu'ils décideront finalement de faire.

De sa démarche féline, elle a choisi le moment opportun pour se retirer de la discussion et se glisser à pas de loup à l'intérieur de la cuisine. Elle jette quelques bûches dans l'âtre et profite du tête-à-tête pour se planter devant moi et me pénétrer de son regard d'une beauté intimidante. A-t-elle lu *Le journal d'un tueur sentimental* de Luis Sepúlveda? « Le visage humain ne ment jamais : c'est l'unique carte qui enregistre tous les territoires que nous avons habités. » Il n'empêche qu'elle achève de faire craquer mon monde. Je me sens nu, igné et ne m'appartiens plus. Elle me pose une seule et unique question : « As-tu des enfants ? » Je lui raconte un peu de ma vie, empoignant les mots en une formule ramassée, traînant mes oreilles afin de m'assurer que ces phrases en ce lieu n'appartiennent jamais qu'à nous deux.

Cette occurrence sensuelle et labile nous fait naviguer sur une ligne à haute tension, jusqu'à ce que nous soyons brusquement interrompus par l'agitation du petit monde d'à côté qui plie bagage, s'activant à présent à charger le véhicule. Rendus à ce point, je me réfrène autant qu'elle. Tout est dit sans parole. Les portières claquent comme des gifles. Mes pupilles se dilatent dans la nuit. Elles accompagnent le faisceau des phares. Puis, instantanément gobé par un mamelon, le trou noir tire la triste sève du champ magnétique de nos sentiments, d'une si brève existence qui commence en éventail et se termine en entonnoir. Vénus, la plus belle des déesses, partie avec Zeus, abandonnant Vulcain qui provoque l'éruption de l'Etna…

Je m'en reviens sur mes pas, le cœur en ébullition, comme si, à l'image d'Ulysse, je retournais d'un long voyage : n'était-ce qu'un rêve ? Rien n'est-il donc perdu de ce qui nous est soustrait ? Montagne de feu, il me faut toucher terre et recoller au silence, me courber comme une fourche de sourcier au surgissement de l'eau. Les ébats du ciel safrané et de la terre me remuent. Je me confronte à la solitude sidérale du refuge : une fulgurance désolante m'étreint, celle d'un désir adamantin d'une belle égarée à jamais inassouvi. Interminable est la décrue des sentiments. Le voyageur solitaire ne le dit pas explicitement, mais lorsque la vie réunit le beau, le bon et le vrai, son voyage dévoile l'indissoluble entrelacs des affects. Les mots échouent à les saisir, aussi joyeusement qu'ils échappent à l'atlas géographique. La beauté est étourdissante et peu bavarde, le feu est, comme le dit Fénelon, un « trésor céleste ». « Une vieille chanson chilienne raconte : "Le chemin a deux bouts et aux deux quelqu'un m'attend." L'ennui c'est que ces deux bouts ne limitent pas un chemin rectiligne, mais tout en courbes, lacets, ornières et détours. » (Luis Sepúlveda) Le rayon de soleil qui fertilise la terre n'est-il pas la plus vieille histoire d'amour ?

La muse incarne la force spirituelle du voyageur : Don Quichotte s'engage pour sa Dulcinée, Dante pour Beatrice Portinari, Faust pour Marguerite… De tout temps, le voyageur a cheminé avec une muse. J'ai vécu moi-même plusieurs relations épistolaires et peux témoigner de la puissance des mots : ces réelles lettres vivantes ont été comme des embellies de l'âme sur l'âpreté du chemin. Pour l'anthropologue Jean-Didier Urbain, la surface de la terre entière devient même érogène. De l'« effusion contemplative » de Flaubert à la fusion, dans son émancipation hédoniste, voire libertine, le voyageur mobilise ses sens au maximum dans le voyage qui devient une promesse de jouissance. En deuil d'univers perdu et en quête de nature vierge, d'un paradis terrestre, il fuit l'utilité et met le monde en désir. Un paysage non plus simple écran où projeter ses sentiments, à parcourir uniquement de ses yeux, mais un partenaire à sillonner de tout son corps, une volupté totale du mouvement jusqu'à l'extase : pénétrer le monde et s'en pénétrer.

Cette terre aphrodisiaque, je l'ai moi-même embrassée tant de fois, le corps en feu ! Un réalisateur m'a d'ailleurs consacré un documentaire titré *Embrasser la terre*[1].

1. *Claude Marthaler, embrasser la terre*, Alexandre Lachavanne (2015).

L'homme est un être thermique, le voyageur frémit pour l'indicible. Pour acquérir du mérite, les pèlerins tibétains couvrent des distances incommensurables à coups de prostrations. Fusionnels, ils s'allongent face contre terre et se redressent, récitant des mantras dans l'espoir d'une meilleure réincarnation. Selon le géographe Luc Bureau, notre relation à la terre et au monde est fondamentalement une relation de désir où anatomie et géographie s'érotisent mutuellement. Depuis toujours, je pédale donc « érotiquement », en fusion extatique avec ce monde d'unicité que « la chrétienté a divisé entre le ciel et la Terre, le vivant et le non-vivant, l'âme et le corps, l'homme et la femme, le vice et la vertu, la vie et la mort. Il n'est de lieu qu'habité par Eros, l'argile serait corps de femme ; la caverne son sexe ; la dune son sein, la neige sa peau ; la plaine, son ventre, la vallée son cou… » Georges Bataille évoque « la nostalgie de la continuité perdue », Vladimir Jankélévitch, la « nostalgie romantique de la confusion » et Mikel Dufrenne, la « remontée vers l'origine où le sujet ne se distingue pas encore de l'objet ». Quant à Luc Bureau, il note que le monde est « undivisible ». Et tout ce qui se donne à voir, chaque objet, chaque lieu, chaque être, manifeste une sensualité frémissante : « Est érotique l'attitude de l'homme lorsqu'il se laisse imprégner par l'indissoluble unité du monde, se sent effleuré, palpé, aspiré par les matières et les formes qui le composent. A l'inverse, est pornographique le comportement de l'homme qui exploite, violente et souille la nature, qui tente de la dominer du haut de ses savoirs, de ses outils et de son orgueil. Est érotique le passage d'un canot léger sur les eaux d'un lac ; est pornographique le monde des courses automobiles, la marche assourdissante des bulldozers, l'envol des avions, les sports olympiques. Est érotique la paix ; est pornographique la guerre. » Le génie du lieu, c'est Eros, fils d'Aphrodite et d'Hermès, le dieu du voyage…

L'homme augmenté

Qui veut s'élever au sommet doit chercher la base en la caverne.
Isha Schwaller de Lubicz

Dans ces montagnes d'un autre âge, éventrées par des mines de compagnies étrangères, se joue un autre jeu, bien plus cruel. Les lagunes salées sont exploitées pour leur lithium, ce qui menace les zones de nidification des flamants roses. Un territoire grandiose mais scarifié. Ce matin même, la traversée des mondes – du sauvage préservé à l'exploitation sans limite du sous-sol – m'écartèle. La piste C-503 passe par la mine d'or à ciel ouvert de Maricunga, détenue par une compagnie canadienne. Une barrière m'en bloque l'accès, je suis filmé. Le garde à l'entrée me fait entrer dans sa guérite à air conditionné, m'offre un thé et passe aussitôt un coup de fil. Un pick-up du service d'ordre arrive. On m'invite à charger mon vélo dans le véhicule. Officiellement, c'est pour ma sécurité, pour éviter que des camions mastodontes ne m'écrasent.

Nous franchissons bientôt un col à 4 500 mètres d'altitude, puis roulons une bonne vingtaine de kilomètres et ne croisons que quelques rares voitures. Le chauffeur se garde bien de critiquer la mine, lâchant juste : « Les compagnies minières ne payent pas de taxe sur le carburant, moi si ! » Il évoque cependant la situation politique actuelle si tendue au Chili. La surface d'exploitation de la mine est gigantesque. L'homme tond et perfore la montagne, il joue avec le feu depuis que Prométhée l'a dérobé aux dieux et en a fait don aux humains. Au second contrôle, on m'attend avec un sac plastique contenant des sandwichs, du chocolat, des biscuits, des boissons fraîches et de l'eau en bouteille. Le chauffeur finit par me déposer sans explication dans un profond cul-de-sac à 3 400 mètres d'altitude. Il ne me dira pas un mot sur le fait qu'en 2016 les autorités ont sommé la compagnie privée d'arrêter l'exploitation de la mine, car la captation massive de l'eau désertifie la Puna de Atacama.

Je pique-nique avant d'attaquer les épingles à cheveux qui me surplombent pour atteindre un col sans nom à 3 900 mètres d'altitude. Une descente aride de quinze kilomètres me conduit dans un verdoyant vallon cerné de falaises où paissent en nombre vaches, ânes, moutons et chevaux. C'est la terre ancestrale du peuple Qolla, une ethnie amérindienne de quelque soixante-dix mille âmes.

Cette communauté est en bisbille judiciaire avec la mine de Maricunga qui s'est étendue, a accaparé le lithium et pollué l'eau avec des hydrocarbures. La piste n'en finit pas de descendre jusqu'à 2400 mètres d'altitude. Au lieu-dit de La Guardia, elle opère un virage à cent quatre-vingts degrés qui remonte la rivière Turbio dans sa gorge. Je plante ma tente un peu plus haut sur un petit replat herbu plein de crottin de cheval, puis me trempe dans un ruisseau au fort débit. Enfin un bivouac au chaud, la douceur retrouvée!

Le Turbio méandrise. Sur un nombre surprenant de kilomètres, je fais déguerpir contre mon gré un groupe d'ânes apeurés, avant qu'ils ne me laissent enfin les dépasser. La vallée s'élargit en même temps qu'elle se désertifie. Je perds le cours du ruisseau qui se meurt dans le sable clair. Le fantomatique poste-frontière chilien en tôle blanc cassé, dissimulé dans un plissement, tombe en ruine. La piste elle-même s'évanouit dans ce paysage de claustration minérale. Je ne sais pourquoi, mais je m'étais mis en tête qu'un refuge, tel une thébaïde, m'attendrait au col de Pirquas Negras (4126 mètres). D'en bas, la piste enroule le relief. Elle se dissimule si bien à la vue dans ses traînées blanchâtres et carmin qu'elle en devient mystérieuse. Il me faut la débusquer pas à pas. L'entaille du col se garde bien de se montrer. On dit que le conquistador Diego di Almagro serait passé par là.

Je gravis la costa el Angel (la côte de l'Ange), douze kilomètres qui finissent en épingles à cheveux et débouchent sur un haut plateau de caillasse mordorée. L'élévation redimensionne le paysage, creuse les vallées et draine mon regard au lointain. Les volcans antédiluviens barrent déjà la route au soleil, léchant l'étendue de leur ombre menaçante. Il est vingt heures, j'atteins le col et dépose une pierre sur l'*apachete*, cet amas de pierres signalant le passage des hommes. Un ultime coup d'œil sur le versant de l'océan Pacifique en enfilant quelques vêtements supplémentaires, puis je m'élance sous un ciel d'une pureté cristalline où se détachent encore les hautes cimes du Cerro Bonete Chico (6759 mètres) et du Pissis (6795 mètres). Sa clarté s'estompe peu à peu et vire au noir charbon. Je croyais me tenir sur l'un des rebords du monde, prêt à basculer de l'autre côté, comme sur un col alpin. C'était oublier la phénoménale épaisseur de cette immense colonne vertébrale des Andes, ses liens minéraux invisibles, ses résonances astringentes sous le firmament.

Hier encore je traversais des montagnes évidées comme des dents creuses. Je repense alors au film documentaire *La cordillère des songes* de Patricio Guzmán qui s'interroge : « Et si ces roches millénaires pouvaient parler, que révéleraient-elles du coup d'Etat de 1973 ? Des années de dictature qui ont suivi ? Des blessures et des cicatrices qu'elles ont laissées ? La cordillère des Andes, c'est un milieu dur, sec, aride, presque agressif. Il est difficile d'y pénétrer, car il n'y a pas de routes, beaucoup d'obstacles (…) C'est comme un mur qui enveloppe le pays. Un mur qui renvoie les voix de tous les Chiliens, comme un écho, et qui fait que vous n'êtes jamais seul. »

Mon phare ausculte la piste et pêche ici ou là, dans l'obscurité, de grands panneaux indicateurs. Le faisceau de ma lampe frontale combat l'instauration d'un monde assoupi. Je me sens plein et abouti comme mon véhicule à deux roues : rien à retrancher ni à ajouter – *Jeep*, acronyme de « just enough essential parts », signifiant « juste composé des parties essentielles ». La nuit s'installe et efface la matérialité des confins sublunaires, si profondément qu'il n'y a que pédaler qui fasse sens, ni plus, ni moins. Vingt-sept kilomètres d'heures célestes à péter le feu, bouillonnement intransitif et confus, jusqu'à douter de l'existence même du poste-frontière. Le ronronnement d'un générateur, puis l'apparition du baraquement tout blanc, illuminé, font baisser ma tension. Il est vingt-trois heures.

Deux gendarmes m'aveuglent de leurs puissants projecteurs, puis me font entrer et m'offrent un thé chaud. Pendant qu'ils vérifient mon identité, je dégourdis mes pieds durcis contre une chaufferette à gaz dans ce poste que se partagent Chiliens et Argentins. Cela traîne, mais à ce stade plus rien n'a d'importance. Ils me mettent à disposition un lit dans une chambre chauffée et je peux même prendre une douche brûlante : le paradis à 4020 mètres d'altitude ! Le ventre vide, je dévore un salami, de l'ail et des galettes. A une heure du matin, je me laisse choir, ductile, les pieds au même niveau que la tête. Mortellement vivant.

Au matin, vrillé de fatigue, je quitte le poste blotti dans une échancrure pour me frotter à l'envergure andine : la route se hisse jusqu'à 4354 mètres, s'étirant de son gros dos pendant soixante-trois kilomètres, sans retomber. Un vent impétueux venu du Pacifique me pousse ou me chasse d'un bord à l'autre de la route. C'est comme si je restais en suspension, condamné à ne connaître qu'un éclat de la convexité terrestre, sa bouillante concavité étant réservée aux dieux. Je m'abrite enfin dans le refuge rond El Destapado, construit en pierres et en mortier, un robuste ancrage qui domine à peine la Laguna Brava. Il est l'un des quatorze refuges au toit incurvé construits entre 1864 et 1873, qui ont permis aux muletiers de pratiquer la transhumance du bétail entre La Rioja et Copiapó jusque dans les années 1960. Sur le côté extérieur gît le squelette d'un jeune berger qui a succombé au voyage et sur lequel on jette encore des pièces de monnaie pour lui rendre hommage, et sans doute aussi pour s'attirer ses bonnes grâces. Son surnom de *destapado* (découvert) vient du fait qu'à chaque fois que quelqu'un a voulu le recouvrir, il est réapparu…

Alentour, un enclos de larges pierres contenait les bêtes d'antan. Je m'accorde une trêve à l'intérieur pour cuisiner un plat chaud et oublier le souffle courroucé qui chambarde jusqu'à tout emporter. Voyager à vélo nous apprend à nous fondre dans l'esprit d'un lieu, à accepter l'indifférence tragique du monde et à accueillir la joyeuse simplicité de toute chose. L'adversité commande de ralentir encore un peu plus, de fractionner, de parer au plus pressé, de redouter l'illisibilité d'une expiration pourtant inéluctable où chacun n'est semblable qu'à lui-même, vulcanisé. Vivre : quitter la terre ferme, dériver sur le même bateau et apprendre à le réparer quand il est au large…

Un peu plus loin, l'asphalte se termine sans coup férir. La piste opère un tournant à cent quatre-vingts degrés et longe la Laguna Brava d'une blancheur salée et aveuglante, en résonance avec la neige éternelle des volcans Veladero (6436 mètres) et Pissis (6795 mètres). Le vent déchaîné me cingle et m'oblige à marcher arc-bouté, la tête presque à hauteur de guidon, le dos parallèle à la puna. Je traîne derrière moi le vide assourdissant de mon absence. Qu'importe mon angle d'incidence, je pousse de mes pieds chancelants le sable et les temps reculés. L'espace se dilate.

Un groupe de motards passe, leur leader s'arrête et me propose de charger mon vélo sur leur voiture suiveuse. Bien que l'offre soit généreuse, je refuse : marcher est ma dernière parole, mon inaudible part vivante gravée en lettres de feu – le feu des volcans. Ils redémarrent en trombe, soulevant de vociférants panaches de poussière. Pour moi, voyager motorisé, c'est escamoter la sanction du réel, une haute trahison de l'espace-temps et une souillure pour signature. C'est éviter de regarder en face la concrétion de sa propre vulnérabilité et s'empêcher de ressentir pleinement une beauté d'une tumescence qui met à genoux. Allié au dénivelé et à l'altitude, le vent abrase et relègue le plus valeureux des cyclistes dans sa solitude, loin de toute rédemption, la condition même de l'existence. A vélo, on ne triche pas : une infime distance contient parfois des relents d'éternité.

Mon seul salut ? La piste qui vire au bout de treize irréductibles kilomètres. Au lieu-dit de Portezuelo de la Laguna (la porte de la lagune), miracle : elle s'enfonce dans un monde soudainement apaisé et rétréci, un canyon aux roches cisaillées. La cordillère de Atacama m'avait tant fait lever les yeux vers le ciel que je me vois encore percer la voûte terrestre, le pictogramme des hommes immortels imaginés par le taoïsme et l'alchimie. Il est composé de deux parties : l'une représente l'homme, l'autre la montagne. « Les montagnes changent vos gestes, elles vous allongent le cou (on a toujours le nez en l'air) et vous durcissent quelque chose à l'intérieur. » (Andrzej Bobkowski) Les Andes s'inversent à présent et me retournent. Mon vélo bondit, je culbute dans leurs ventrailles, elles me possèdent. Une rivière aux munificents méandres se taille une trouée. La vie comme une succession de ruptures qui décompose le monde en cendres, l'ascèse comme une douloureuse tentative de perfectionnement de soi. Courbe et contre-courbe, la véritable force motrice, c'est la patience mais aussi la fidélité à soi-même qu'incarne le cours d'eau El Peñon, lui qui jamais ne sort de son lit. En abrégé de la vie, le voyage, qui provient du latin *via* (la voie), nous permet parfois de grandir plus vite en courage, de pressentir une destination agéographique. Nous apprend-il aussi à nous méfier du langage et de l'ambiguïté des mots qu'il bazarde cul par-dessus tête ? Ce soir, pour me prémunir du vocabulaire et de la poussière, je plante ma tente à l'intérieur même du refuge El Penon (3 600 mètres).

Une chaleur bienveillante m'invite auprès du dieu Vulcain. Je me découvre attendu par le lieu : la sensation ataraxique d'avoir touché terre.

Les flux de mes volcans intérieurs, montagnes d'acuité et d'imaginaire, coulent à présent à feu doux : la route se distend, ample et chaude. J'enroule la fuyante comme jamais. Une joie fertile et profonde s'agrège à ma fatigue. Si le sang est la vie pour l'homme, la lave est la vie de la terre. Je divague sur une vaste lame de fond invisible qui me patine et m'attise d'une pensée sismique : la ceinture de feu du Pacifique qui s'étend sur près de quarante mille kilomètres. Ce n'est pas le feu que l'homme prétend maîtriser, mais le feu imprévisible de la terre.

Je parviens au lieu-dit de Estrellas Diaguitas, que l'on peut traduire par « centres énergétiques » ou « sites rituels et oratoires », et où l'on peut admirer trois tumulus funéraires en pierre de conception circulaire, des formations précolombiennes qui combinent des pierres blanches, rougeâtres et bleues. Depuis deux mille cinq cents ans, les Tibétains, qui suivent en grande majorité le bouddhisme tantrique, cheminent sur l'incommensurable chaîne himalayenne en actionnant un moulin à prières de leur main droite. Tout comme les pèlerins hindouistes, bouddhistes ou bön qui marchent ou se prosternent autour du mont Kailash, les voyageurs à vélo tournent l'axis mundi de leur machine dont chaque cliquetis distille une sonorité propre et rend le monde plus proche et accessible sans jamais l'enfreindre.

Le cycliste embobine un autre rouage temporel, entraîne un discours connexe et éruptif de libération. L'immuable mécanique selleste, sobre, solide et réparable à souhait, n'a guère changé depuis ses origines. Les ingénieux engrenages héliocentriques de mon moyeu arrière aux quatorze vitesses s'articulent comme un planétaire mécanique. La roue tourne. Se fondant au paysage, les cyclistes réitèrent ainsi inlassablement l'un des usages les plus anciens de l'humanité : ils naviguent « terrestrement », rétablissent le continuum de l'espace, reproduisent la giration des astres en saisissant leur inéluctable finitude. Origine et infinitude se confondent en une multitude de gestes répétés. Ils se dispersent pour mieux s'unir à la terre.

Je ne me suis jamais vu en pénitent, qui voudrait racheter une faute ou expier un péché, ni en dévot espérant améliorer ses chances d'entrer au paradis. Pour autant, je me suis converti (étymologiquement, je me suis « tourné vers ») au monde spirituel. En pédalant, je ne cesse de cultiver la bonne longueur d'onde et de gravir patiemment mon volcan intérieur entre nadir et zénith. Le besoin de s'incorporer symboliquement à la rotation de la Terre, voire d'articuler son mécanisme oint du saint chrême et de le dominer comme un dieu, rassurerait-il l'humain sur sa participation à l'Univers ? Dans sa profonde aspiration à vivre, exprime-t-il ainsi une quête de sens, d'ordonnancement du monde comme pour refréner son propre chaos intérieur ? Le cheval de fer dont il faut huiler le mécanisme, ensemence l'imaginaire. Loin de la mer, le cycliste hume à jamais l'air salin et entend le ressac, loin du volcan son rugissement, loin de la montagne le mugissement du vent. L'Himalaya a beau être lointain, le souvenir reste vivace. J'ai fait parler les montagnes, le feu de la terre a épuisé mes forces à faire swinguer les étoiles. Dans l'épilogue de *Sur les terres des frontières perdues*, Kate Harris l'exprime ainsi : « Et tu es enfin arrivé lorsque tu comprends que ce grincement permanent que tu entends depuis un moment, ce ne sont pas les rouages de ton vélo ou de ton cerveau mais le bruit de la planète qui tourne. »

Il faut sortir de soi, se délivrer pour s'inscrire dans quelque chose qui nous dépasse en se laissant aller à croire, dans un inextinguible instant, s'être désentravé du temps. Par épuisement, accéder à une fulgurante volupté de vertiges et éblouissements, traverser plusieurs vies en une, là où seul l'esprit peut s'engager. Ralentir pour ressentir le goût suprême des choses. On pourrait donc s'enflammer sans s'incendier ? Voyager serait partir sans déranger, une sorte de fuite élégante vers la véritable terra incognita, pour aller rencontrer ce que nous craignons : le chaos qui est d'abord en nous. En montagne, l'homme augmenté, c'est le cycliste qui s'incline face à la pente, dépasse sa condition, se sent pris d'une forme d'intelligence naturelle, aimanté par le centre de la Terre, gonflé d'une ivresse de vivre.

Au terme de ma kora inversée, descendre encore pour mieux laisser l'écume des cimes affleurer, les souvenirs remonter des profondeurs avec une extrême netteté. N'a-t-on donc jamais pris congé des hauteurs ? J'avais contourné l'Ojos del Salado et déposé mes sédiments à son sommet comme une refondation du monde, une petite mort. Si l'on en croit Gilgamesh : « Quand les dieux ont créé les humains, ils leur ont fait cadeau de la mort. » Et Jean-Didier Urbain pense que voyager donne précisément du sens à la mort : « Le voyageur disparaît, il s'efface du temps effervescent du monde. Il perd ses repères, remplace sa présence au profit d'un ailleurs qui n'appartient qu'à lui. » Le dôme de l'Ojos del Salado sur lequel j'ai dansé avait disparu, j'étais passé de l'autre côté de la montagne… Prêt à couler comme une lave brûlante dans quelques versants intimes et rugueux de ma vie.

Ordre de marche

Le véritable courage est le produit de la tendresse.
Chögyam Trungpa

L'homme est un nomade contrarié, il marche depuis la nuit des temps. Mettre un pied devant l'autre est son balancier le plus élémentaire. Nous sommes faits pour marcher, courir, tomber, et sans cesse nous relever. Les premiers conflits armés apparaissent ainsi à la révolution néolithique. Lorsque s'accumule la richesse, on érige des murs, on institue la notion de propriété. Un véritable pas du temps pour que la marche du monde devienne l'affaire des hommes ! Ceux-ci construisent alors des villes, des empires, lèvent des impôts et des armées. Servir les puissants devient un métier ou une obligation. Etrange planète où lorsque vous refusez d'apprendre à tuer, en temps de paix on vous enferme, en temps de guerre on vous fusille. Et si vous enfourchez une bicyclette pour apprendre à vivre, on vous accueille partout à bras ouverts…

L'armée suisse voulait me mettre au pas, mais je n'en avais cure et n'attendis pas un ordre de marche pour marcher à ma manière. Marcher est l'un des exercices les plus élémentaires de la liberté, pas un acte anodin et mécanique. J'avais à peine vingt ans, mon esprit de révolte tenait de la braise. Je militais et marchais contre l'énergie nucléaire, pour une politique pro vélo en ville, contre l'autorité, contre l'absurdité, sans être affilié à un quelconque parti politique. Le monde des années 1970-80 paraissait ordonné et peut-être plus lisible qu'aujourd'hui : le mur de Berlin le séparait clairement en deux. Dans notre prétendu « monde libre », il fallait choisir son camp : on était patriote ou traître à la patrie. Dans ce dernier cas, on était taxé de « gauchiste » ou associé au communisme, une idéologie à laquelle je n'ai jamais cru. Il n'existait pas d'alternative. La seule argumentation possible vis-à-vis de la conscription pour modérer sa peine future était d'avoir (ou de prétendre avoir) un « grave conflit de conscience » à utiliser une arme, une notion d'origine chrétienne pouvant servir de ligne de défense, validée par un témoin – si possible un homme d'église. Si ce conflit de conscience était reconnu par le tribunal, il permettait à l'accusé d'éviter de la prison ferme en écopant *seulement* d'une peine maximale de six mois en semi-liberté. Il me paraissait très douteux qu'une institution aussi opaque, pyramidale et basée sur la force telle que l'armée puisse évaluer le degré de noblesse d'une « âme troublée ». Tout cela procédait d'un exercice de haute voltige de comédie humaine. Je m'appuyai ainsi sur le refus en bloc – qui, toutefois, dans une « démocratie semi-directe », me le permettait sans m'exposer à d'insupportables sanctions que m'aurait réservées un régime autoritaire. J'avais soif de sens et d'hédonisme, et possédais un esprit rêveur. Par intuition, je savais qu'obéir aveuglément est une affaire de paresseux, semblable à une faillite de la pensée, et que l'exercice de la liberté requiert à l'inverse une véritable discipline : celle qui vient de l'intérieur. Il y a des choses irrémédiables que l'on porte au fond de soi : ce trésor de libre-penseur et ce vif sentiment d'alacrité m'animent aujourd'hui encore. La vie, la vraie, était forcément ailleurs. L'expérience sensuelle de la liberté tout entière devait s'inscrire dans quelque chose de bien plus vaste qu'un funeste destin de matricule au fond d'une cour entourée de barbelés.

Comme tout un chacun à l'époque, j'effectuai des jobs d'été (en usine, à faire les foins, en travaillant avec des personnes âgées) qui m'avaient fait entrevoir quelques univers. J'avais adoré la vie de scout en pleine nature, le fait de camper, de cuisiner au feu de bois, de manier le couteau et de ligaturer des troncs à la ficelle, de construire un radeau et de vivre pleinement un lien sacré avec les éléments dans un esprit de franche camaraderie. On m'avait totémisé « castor ». J'avais l'impression d'appartenir symboliquement à ce temps ancien des chasseurs-cueilleurs. Traverser des épreuves d'endurance initiatiques, parmi lesquelles un mémorable tour du lac des Quatre-Cantons à vélo, me remplissait d'une grande joie et canalisait, du même coup, mon énergie débordante. C'était l'aventure! Le milieu, cependant, obligeait à porter l'uniforme et excluait toute femme à un âge fondamental de découverte de l'amour. Il célébrait que trop la hiérarchie militaire et finit par ne plus correspondre à mes aspirations profondes. Il me fallait quelque chose de plus libre et intime, une véritable échappée belle (un terme d'ailleurs emprunté au cyclisme) qui ne me quittera plus.

La terre représenta bientôt mon étalon et mon socle, le vélo le seuil de ma vie, ma vulnérabilité, ma force. La bicyclette devint mon premier outil d'exploration du monde et de ma nature, à tel point qu'elle allait prodigieusement orienter mon existence. Ma révolte était volcanique, ma résistance granitique. On enferme un homme, pas une pensée, ni un rêve.

Avec toute la verdeur de mes dix-neuf ans, j'allais copieusement insulter l'armée suisse dans l'esprit du déserteur de Boris Vian. L'idée qu'un gradé s'aventure à m'imposer une marche à suivre pour m'abrutir à la seule fin de faire office, en cas de conflit, de chair à canon pour défendre la patrie me paraissait malsain et infondé. Dans ma lettre de refus de servir, les mots choisis disaient mon impatience d'exister. Je citais Einstein, père de la théorie qui permit la bombe atomique et pacifiste convaincu: «Je méprise profondément ceux qui aiment marcher en rang sur une musique : ce ne peut être que par erreur qu'ils ont reçu un cerveau ; une moelle épinière leur suffirait amplement. » Je contestais aussi frontalement le budget exorbitant de l'armée qui enflait chaque année, tandis que la maigre aide internationale allouée aux pays pauvres se voyait sans cesse rabotée. Mon refus de soumission à l'autorité et ma prise de position politique dépassaient, selon les représentants de l'armée, le conflit de conscience, aussi grave aurait-il pu être reconnu. Catalogué « réfractaire », je savais d'avance la peine que j'encourais, mais ne voulais pour rien au monde brader mon intégrité. Les subversifs de mon espèce méritaient le tarif maximum de l'époque.

Sans surprise, le tribunal militaire, m'excluant de l'armée, me condamna donc mécaniquement à huit mois de prison ferme et à payer les frais de la cause. Le jour de mon jugement fut le seul de ma vie où je vis des compatriotes en uniforme vert-de-gris, des hommes, des vrais, droits dans leurs bottes, qui s'appuyaient fermement sur la Constitution fédérale. Une affligeante leçon de démocratie de l'un des derniers pays d'Europe à ne pas proposer encore un service civil. Considérée unanimement comme une élève modèle en matière de libertés, la Suisse osait pourtant l'impensable : un tribunal militaire, à la fois juge et partie, condamnait ceux qui refusaient de courber l'échine face à l'ordre de marche. Je m'étonnais qu'une société par ailleurs si ouverte ignorât les nuances de vocabulaire et ne retînt que la force comme langage. Qu'elle pût se borner à être si « contre-productive » et enfermât en âme et conscience ses insoumises forces vives, les transformant de surcroît en témoins privilégiés, coûteux et dérangeants, du monde carcéral. Elle nous fournissait davantage de matière à déblatérer, au risque aussi que certains d'entre nous dépriment ou tournent mal. Nos parents avaient de quoi s'inquiéter.

Comme je ne m'apprêtais à commettre aucun larcin, cet enfermement fut pour moi une occasion en or de voir de mes propres yeux l'envers du décor : une réelle forme d'aventure vécue. A tel point que mon confinement se transforma en un fructueux exercice pratique d'anthropologie. Mais quel gâchis moral, et quel gouffre financier d'envoyer des jeunes au trou ! J'éprouvais de la honte pour mes juges et mon pays, englués dans une logique courte et procédurière. Décidément, ces gens-là marchaient sur la tête. S'ils croyaient que j'étais un lâche traître à la patrie, ils se trompaient. J'étais comme eux : fils du même paysage. J'étais fidèle à mes convictions, vigoureux comme un relief alpin, et mû par un réel « patriotisme géographique », expression que j'aime emprunter à Charles Ferdinand Ramuz car elle traduit parfaitement mon état d'esprit d'alors : ma jeunesse et ma source, c'étaient les Alpes, auxquelles il me revient toujours de m'abreuver. J'aimais profondément les montagnes, simplement parce que, fruit du hasard, j'étais né à ce point précis de la planète (un sentiment d'appartenance partagé universellement, comme je le constaterai au cours de mes voyages). Mes racines étaient si profondes que partout dans le monde je suis allé à la rencontre des massifs montagneux, quitte à pédaler du feu de Dieu quelques bons milliers de kilomètres supplémentaires. Mon pays, c'est la Terre.

La prétendue neutralité suisse est comme le plat pour le cycliste : ça n'existe pas. Avec la stratégie du réduit national (une théorie militaire qui aurait consisté en cas d'agression à replier l'armée entière à l'intérieur de gigantesques abris souterrains construits dans les Alpes, quitte à laisser la population se débrouiller à l'extérieur), on prétendait pouvoir dissuader tout envahisseur. Aujourd'hui, on exporte toujours de l'armement, même vers des pays en guerre, puis on leur envoie ensuite la Croix-Rouge, notre « service après-vente ». Cultiver ma furia à rouler sur la Terre me paraissait une mission autrement plus exigeante et fondamentale. « Ce n'est que dans l'enthousiasme que l'être humain voit exactement le monde. » (Marina Tsvetaeva) Face à mes juges, et bien plus tard face à la police chinoise lors de mes périples à vélo au Tibet ou au Turkestan oriental (Sinkiang), je n'ai jamais éprouvé une seule once de culpabilité. Ces frontières-là exigent d'être franchies.

En 1980, nous étions quelque sept cents à huit cents « traîtres à la patrie », les bien nommés (subdivisés en « objecteurs de conscience » ou en « réfractaires »), à nous opposer fermement à l'enrôlement. A l'époque, c'était l'ordre naturel des choses, un marchepied : il fallait monter en grade à l'armée si l'on voulait s'assurer une promotion professionnelle, dans le monde bancaire par exemple…

L'anarchiste Narcisse René Praz a démontré dans *Le petit livre vert-de-gris* (une collection de portraits des hauts gradés et leurs multiples représentations dans les conseils d'administration) la collusion des milieux économiques et militaires, qui est un peu moins réelle aujourd'hui.

Mon irrévocable décision mit en colère mon grand-père, qui avait traversé les deux guerres mondiales et avait été gradé à l'armée. Il coupa tout contact avec moi pendant un an ou deux, comme il l'avait fait auparavant avec son propre fils, mon père, lorsque celui-ci s'était remarié avec une Bulgare, la considérant de prime abord comme une espionne potentielle et non comme une personne qui fuyait un régime dictatorial. Savait-il seulement que mon père avait dévoré, dès sa sortie en 1973, *L'archipel du Goulag* du géant Alexandre Soljenitsyne ? Je ne lui en ai jamais voulu, car je l'aimais pour bien d'autres raisons. Féru d'alpinisme, il était également un formidable conteur plein d'humour. Mon père, disait ma mère, pensait probablement la même chose que moi, mais n'avait pas osé refuser de défendre la patrie. Bienveillant et ébranlé, il s'inquiétait de ma radicalité et de mon avenir après un passage en prison qu'il aurait voulu m'épargner. Quant à mon frère, lorsqu'il rentrait du service militaire, il s'empressait de jeter son uniforme par terre pour retrouver au plus vite sa véritable identité.

A l'oral d'allemand de la maturité fédérale (l'équivalent du baccalauréat français), j'avais disserté sur le *Livret de service* de Max Frisch en évoquant mon insoumission. Dans son récit sous les drapeaux au temps de la mobilisation, il s'interroge, entre autres, sur l'individu qui perd tout esprit critique aussitôt qu'il se fond à la troupe. J'avais vu le film documentaire *L'exécution du traître à la patrie Ernst S.* du réalisateur Richard Dindo dont le synopsis annonce : « Le soldat Ernst S. a été le premier des dix-sept traîtres qui furent exécutés en Suisse durant la Seconde Guerre mondiale en signe d'opposition des autorités à l'Allemagne nazie. Or, à cette période, ces mêmes autorités ont fermé les yeux sur la collaboration d'éminentes personnalités des milieux politiques et industriels suisses avec les nazis. » Le film relate « la misère d'une certaine Suisse sous la Crise, l'inégalité des chances à la base d'une pauvre vie, le désarroi affectif et la dérive sociale d'un jeune révolté marginal, la provocation d'une tête brûlée et sa punition « logique » en temps de guerre. » « Vagabonder » en vivant d'expédients comme le faisait Ernst S. était alors considéré comme un délit.

Tout juste la maturité fédérale en poche et seulement deux semaines plus tard, après avoir marché avec des amis dans les Alpes françaises, je me retrouvai comme prévu enfermé dans la cambrousse fribourgeoise. Le pénitencier (qui, étymologiquement, signifie « faire pénitence ») de Bellechasse était, disait-on, le plus grand domaine agricole de Suisse romande. J'avais pris soin d'emporter une machine à écrire, des cassettes de musique ainsi que de nombreux récits de voyage. C'était une prison d'un autre temps, de culture rurale, construite en 1898. Ce petit monde fleurait la bouse de vache, le clocher qui sonne et la colonie de vacances…

Là-bas, un objecteur de conscience rédigea une pétition pour protester contre l'abus du directeur d'expédier régulièrement et pour un rien un prisonnier au cachot. Je la tapai sur ma machine. La pétition circula avec suffisamment de discrétion pour être lue par beaucoup. Vingt-huit prisonniers acceptèrent de la signer. En tant que rebelles à l'armée, nous n'étions en aucun cas soupçonnés par nos gardiens de tenter une évasion, mais tout simplement craints comme agitateurs potentiels. Les prisonniers de droit commun nous considéraient comme des « intellectuels » ou des détenus en herbe. Notre prise de position ne nous était pas préjudiciable : contrairement à eux, nous ne mettions en aucun cas en péril notre réduction de peine automatique d'un tiers de notre condamnation.

Cette agitation fomentée à Bellechasse valut à tous les signataires un transfert immédiat dans d'autres établissements carcéraux. Ce fut pour moi une forme inattendue de « tourisme pénitentiaire ». Avec trois autres opposants à l'armée, je fus conduit illico presto en fourgon cellulaire à la prison préventive de Champ-Dollon à Genève. Un endroit où le travail n'était pas une obligation. Pendant un mois, j'allais partager avec eux une cellule vingt-trois heures sur vingt-quatre, avec pour seule liberté de mouvement une heure de promenade quotidienne (marcher encore). Avec l'un d'eux, qui était comédien, nous trouvions le temps long et l'espace trop étroit. Lorsque nous fîmes une demande officielle pour travailler, de façon à sortir de la cellule, la direction accepta et nous assigna à la réfection des sous-sols. Ainsi, sous les directives d'un peintre en bâtiment et au son d'un transistor, nous allâmes peindre quelques heures par jour des formes géométriques sur les murs en béton. Puis ma peine ferme prit fin et se poursuivit par un mois et vingt jours en semi-liberté dans un foyer à Genève. Entouré par des éducateurs, dont cinq ans plus tard j'exercerai la profession, je commençai des études de géographie (abandonnées au terme de deux semestres). Sans tout à fait m'en rendre compte alors, l'enfermement m'avait appris trois choses précieuses qui me serviraient durant toute ma vie : conserver ma curiosité à l'écoute du monde, tenir un journal et lire abondamment. S'évader ! L'objet central du prisonnier. Bien plus tard, j'appris d'ailleurs que, dans mon pays, s'évader de prison n'est pas considéré comme une infraction en tant que telle. Elle renvoie à une passionnante question philosophique : peut-on reprocher à un homme enfermé son goût pour la liberté ?

Une fois ma peine purgée, il me fallait payer la taxe militaire que chaque Suisse (même handicapé physique ou mental, sic !) est aujourd'hui encore astreint à verser jusqu'à l'âge de quarante-deux ans. Afin d'en diminuer le montant, pendant mes années de présence en Suisse, je me suis rendu sans aucune conviction aux cours de la protection civile. Nous étions vêtus de bleus de travail inflammables alors qu'on nous projetait des films sur les effets de l'explosion de la bombe atomique. Le commentateur expliquait que pour survivre en cas d'attaque, il fallait s'infliger deux piqûres d'atropine dans les cuisses… C'était tout à fait surréaliste. Personne n'avait envie d'être là, les responsables eux-mêmes, l'œil rivé à la montre, exerçaient un boulot de planqués.

J'ai été réfractaire, plus proche de la pierre ollaire naturelle que de l'acier industriel du blindé. Avec le temps et sans renoncer à mon engagement, comme lave incandescente, mes pensées dissidentes se sont refroidies, solidifiées et arrondies, préservant ma chaleur humaine. Hypnotisé par le grain de la route, comme une eau-forte, je me détourne du superflu et ne retiens que mon irréductible noyau dur.

Ce qui est vrai de l'individu l'est de la société : lorsqu'on est contrarié, on essaye de comprendre, on se rebelle, on négocie ou on tombe malade. Longtemps, je me suis construit en opposition, avant d'apprendre à m'accoler à la montagne, à appuyer sur les pédales et à manier les mots pour fouiller dans mes premières strates géologiques. L'étrange étranger, c'était d'abord moi-même. J'ai toujours aspiré à un rêve qui me dépasserait et me porterait vers le haut : partir à vélo dans un monde d'altitude qui, je le pressentais, allait m'émerveiller, car j'étais cycliste par nature. Pour cela, je ne détenais pas la puissance « virile » et destructrice de la mitraille, mais l'impétuosité du magma en ébullition. « Engagez-vous ! » qu'ils disaient. En réalité, m'évader était le meilleur moyen de m'engager véritablement.

Curieux de tout, je me vouais aussi à transcender l'inéluctable brièveté de la vie et mes démons intérieurs. Ni croisé, ni va-t-en-guerre, je n'étais qu'un homme sur deux roues, augmenté à son potentiel maximum, car précisément nu et sans habitacle. Une forme indéterminée, parcourue par le souffle, qui épouserait au plus près les formes du relief physique. Le vélo me procurait la clé de compréhension du monde en même temps qu'un bel horizon. Je me sentais comme dans *Les copains* de Jules Romains : « Mon vieux ! Je suis heureux ! Tout est admirable ! Et nous glissons à travers tout sur de souples et silencieuses machines. Je les aime, ces machines. Elles ne nous portent pas bêtement. Elles ne font que prolonger nos membres et qu'épanouir notre force. Le silence de leur marche ! Ce silence fidèle ! Ce silence qui respecte toute chose. – Moi aussi je suis heureux. Je nous trouve puissants. Où sont nos limites ? On ne sait pas. Mais elles sont certainement très loin. Je n'ai peur d'aucun instant futur. Le pire évènement, je passerai dessus, comme sur ce caillou. Mon pneu le boirait… à peine une petite secousse… Je n'ai jamais conçu, comme ce soir, la rotondité de la Terre. »

Je ne suis jamais parti pour un voyage de non-retour, c'était peut-être la seule certitude que je charriais en moi, car le doute a été, de tout temps, mon moteur. Aussi vrai que la Terre est ronde – on part à droite, on revient à gauche ou inversement –, ma destination méconnue a toujours été Genève, mon lieu de naissance. J'étais donc bel et bien un révolutionnaire armé d'une simple bicyclette, un « vélorutionnaire ». Pour autant, « faire le tour du monde » me paraît une expression réductrice, maladroite, voire présomptueuse, qui reflète si peu le substrat sensible d'une circonvolution terrestre absorbée et suée par tous ses pores, une expérience à la fois intime et panoramique. Epouser les contours terrestres, c'est décrire de ses roues des spirales dans l'espace et dans le temps avec, à chaque fois, un léger décalage linéaire, l'incontrôlable oscillation même de la vie. Au pied de la montagne, il n'y a pas de retour possible, car seul le franchissement du col permet la métamorphose dans un monde qui change, lui aussi, à chaque instant. Héraclite avait déjà remarqué que l'on ne se baigne jamais deux fois dans le même fleuve.

J'étais, comme l'a exprimé Hans Magnus Enzensberger, « un homme privé de paradis, un révolutionnaire contrarié qui, faute de pouvoir changer *le* monde, change *de* monde ». En voyage, la route est un miroir de l'âme. Le cycliste est un franc-tireur à pieds ailés qui n'a pas de chronomètre ni d'adversaire à « flinguer » comme en compétition, ni d'ennemi comme à la guerre. Je suis un simple voyageur sans alibi. « Vagamonder » fait appel au merveilleux, à la légende, au mythe, proche de l'aventure épique du Petit Prince et de la petite reine.

Lorsque, en mars 1994, je pris la route pour le Japon, j'ai tenu à repasser devant l'entrée de l'allée de peupliers qui mène au pénitencier de Bellechasse. Voici donc un extrait du premier article d'une série de soixante-cinq papiers intitulée *L'Eurasie à vélo* que j'écrirai jusqu'en janvier 1998 pour un quotidien genevois : « Sous un ciel chamboulé par de grandes masses d'air froid, j'immortalise une vieille femme. Elle a tout de la paysanne russe. Accoutrement défait, pull de laine troué, visage crevassé ceint d'un foulard, mains épaisses et rêches. Elle tire un lourd chariot de copeaux de bois et passe devant l'interminable haie de peupliers qui mène au pénitencier de Bellechasse. Quelques mirages, partis de Payerne, froissent avec véhémence le ciel tourmenté[1]. » Je m'en souviens comme si c'était hier : la fermière en question était fortement impressionnée par le fait que je sois venu de Genève sur un vélo aussi chargé. Je l'ai prise en photo mais n'ai pas osé lui raconter mon enfermement passé, et encore moins lui avouer ma destination. Ce jour-là, le Japon ne m'avait jamais paru si lointain. A juste titre d'ailleurs : j'atteindrai l'Empire du Soleil levant le 15 novembre 1996 au terme de 42 556 kilomètres[2]…

1. *La Tribune de Genève*, 4 juillet 1994.
2. A titre de comparaison, la circonférence de la Terre à l'équateur mesure 40 075 kilomètres.

Séismes

On ne peut donner que deux choses à ses enfants :
des racines et des ailes.
Proverbe juif

En partant de Genève cette année-là, j'avais l'intention de pédaler aussi loin que me le permettrait la route. Mon but, s'il en fallait un, était donc Tokyo, tout au bout de l'Eurasie. Je transportais des passagers clandestins : tout ce que l'on finit par trimbaler de sentiments accumulés, de choses ineffables parmi lesquelles figurent des blessures à front renversé. Des bagages confidentiels qui pèsent parfois plus lourds que les sacoches bombées et qu'aucun douanier ne parvient jamais à déceler. Voyager aussi pour combler une fissure intérieure entre l'Europe et l'Asie qui gît dans mes tréfonds, là où les roches volcaniques brûlent encore.

Lorsque les deux moitiés de ceux qui vous ont créé se séparent, une brèche s'ouvre, la lave coule, bouillante. Un détroit dans lequel s'engouffre un courant que rien ne parvient à endiguer, sauf peut-être un voyage, gage d'une unité reprisée sur le tard.

A mon insu, j'ai voulu embrasser le monde, recréer une famille, une harmonie perdue entre un Orient et un Occident qui guerroyaient. Le paysage lui-même devenait ainsi un membre de la famille. En effet, lorsque j'avais neuf ans, ce fut l'inéluctable divorce de mes parents, un acte très engagé pour l'époque (1969). Ma mère, cet Orient, mon père cet Occident, et une machine à (re)coudre avec un fil d'Ariane: le vélo. Ma mère, l'eau, la source, mon père, la montagne. Trois ans de continuum terrestre tout en zigzags aussi horizontaux que verticaux jusqu'au pays du Soleil-Levant, à « chalouper pour faire surgir l'inouï, divaguer pour "se griser de vent et d'impossible" » (Louis Nucéra).

D'origine bourgeoise, de nature modeste et travailleuse, mon père avait dû tracer sa route seul. Ma mère, d'origine paysanne, aînée de sa fratrie, avait dû tenir bon face à sa propre mère ; elle avait fini par partir en claquant la porte, en sachant toujours conserver son ancrage terrien. Mon père admirait les peintures de Van Gogh, la musique de Chopin et l'histoire de la philosophie en Occident de Bertrand Russel. Il possédait une immense bibliothèque qui m'impressionnait, composée principalement d'ouvrages en allemand, mais aussi en français, en anglais et en espagnol.

Plutôt des livres à caractère scientifique ou philosophique que je ne consultais pas. Mais cette mystérieuse présence de l'écrit exerça sans doute sur moi son pouvoir diffus, car aujourd'hui encore, je me sens bien en présence de livres, comme entouré d'amis. Au point que l'existence même d'une bibliothèque chez quelqu'un me le fait apprécier davantage.

A travers mes yeux d'enfant, je voyais mon père travailler avec passion. Il était informaticien, une profession méconnue à l'époque, et en était vite devenu l'un des pionniers. Ces gros ordinateurs de la première génération qui « respiraient » en faisant un boucan d'enfer et occupaient des pièces entières, il les comprenait parfaitement. Il nous avait même affirmé qu'un jour le téléphone permettrait non seulement d'entendre son interlocuteur, mais aussi de le voir – ce qui nous paraissait, à mon frère et à moi, le fruit de son imagination. Il nous fournissait régulièrement en larges feuilles blanches trouées sur les côtés pour dessiner. Sa culture était vaste et englobait une réflexion de fond sur l'actualité, la philosophie et la musique classique. J'ai appris bien plus tard que son audition était si fine qu'il aurait pu devenir un musicien professionnel.

Peu après le divorce, et bien avant l'heure, ma mère lisait déjà des ouvrages de spiritualité, de massage, de nutrition, de voyage. Elle s'essaya au tissage, pratiqua de nombreuses années le yoga, le katsugen undo (mouvement régénérateur), la sophrologie, la réflexologie. Elle fit partie du premier groupe de macrobiotiques à Genève.

Mon père était un scientifique, il phosphorait, parlait avec la tête, ma mère avec le ventre et le souffle. Mais le cœur, chez tous les deux, n'était jamais loin. A la cérébralité et l'anticléricalisme de mon père répondaient l'intuition et une forme de croyance floue de ma mère. Une chose les rassemblait, c'était le lien à la nature : la simplicité du camping et de ses feux de camp, de la baignade, de la balade à pied, le ski, la montagne, les voyages… Et bien sûr aussi l'amour qu'ils nous portaient et dont je n'ai jamais douté un seul instant.

Mes voyages à vélo ne prolongent-ils pas les longs chemins sinueux qu'ils ont chacun parcourus dans leurs vies ? Ils soutirent à la fois l'introversion de l'un et l'extraversion progressive de l'autre, le faire occidental et le non-faire oriental, l'esprit paternel de programmation et le pragmatisme maternel. Mon père avait un esprit analytique tandis que ma mère exprimait plus ses émotions, et tous les deux avaient dû se battre contre leur milieu pour s'émanciper et forger leur indépendance. Ils avaient vécu leur enfance au temps de la dernière guerre mondiale. Mon père était alors trop jeune pour être lui-même mobilisé, mais la prudence, liée au sens de l'effort, et le triomphe d'un sentiment de sécurité matérielle les habitaient encore. Si leur rupture m'a longtemps affecté, elle m'a aussi appris que rien n'est jamais acquis. Nos sentiments dérivent comme les continents issus de la Pangée. Je suis cependant l'heureuse cigale, héritier de leur gentillesse et de leur confiance inébranlable en la vie.

J'ai l'impression qu'en allant au bout de mes rêves, j'achève un peu aussi l'esprit de liberté de mes parents et, plus encore, celui de mon père. J'ai repris également à mon compte leur persévérance. Pour peu que je m'en souvienne, mon père évoquait souvent ce désir de s'acheter un minibus ou un voilier. Mais sa raison émoussait ses velléités de s'affranchir et de s'envoler, et il se priva toujours, hélas, de la réalisation de ce fantasme. Son esprit cartésien lui permettait de fines analyses, mais sa prévoyance et son engagement professionnel de programmateur le retenaient de basculer vers une forme d'ivresse. Il avait tout de même su emmener ma mère dans un voyage de quatre mois en Scandinavie (dont une partie en bateau-stop), ce qui, pour l'époque, était considéré comme très audacieux. D'un séjour inoubliable et plus tardif qu'il avait passé dans le Sahara, il avait réussi à nous inoculer une joie sereine d'être au monde dans un paysage d'une extraordinaire pureté qui l'avait marqué à jamais. Le désert, indissociable du soleil, représente, tout comme la montagne, la quête symbolique du père.

Mon père entrebâilla un rideau sur le monde que j'allais ouvrir entièrement, telle l'irréversible nostalgie d'une étoile filante. Je buvais ses paroles qui remonteraient comme une vis d'Archimède dans le courant même de ma vie dont l'errance, l'improvisation et la spontanéité seraient un jour les maîtres-mots. Une orientation positive car émancipatrice qui prolongeait les souhaits paternels.

La montagne à laquelle mon grand-père avait initié mon père et mon oncle, devint mon lien de loyauté ancestrale à l'autorité, une forme de raison d'être, un refuge, ce que Julien Gracq décrit ainsi : « Ce que je voulais n'avait pas de nom dans aucune langue. Etre plus près, ne pas rester séparé. Me consumer à cette lumière. Toucher… »

Ces influences parentales ne représentent bien sûr pas un déterminisme absolu comme une palanche qu'on porterait sur une épaule, mais nous, descendants, en sommes toujours la confluence. J'aurais pu choisir le sentiment apaisant d'une voie sûre et toute tracée qui leur fût restée loyale. C'est d'ailleurs celle que j'ai d'abord empruntée en suivant deux semestres en géographie à l'université, une forme de géographie aseptisée, aride et statisticienne, privée de sentiments, puis je bouclai une formation d'éducateur spécialisé. J'ai travaillé quelques années dans ce métier, mais ma tête était définitivement ailleurs, comme elle l'avait toujours été. Mes carnets scolaires à l'école primaire étaient remplis de : « Bon élève, mais pourrait faire mieux, regarde toujours par la fenêtre. »

Dès l'adolescence, j'ai converti chaque période de vacances en inoubliable expérience à bicyclette, mais ce n'est qu'en 1988, à l'âge de vingt-huit ans, que je suis parti pour mon premier vrai voyage à vélo au long cours. De Genève en Inde, l'aller via les Balkans, la Turquie, la Syrie, la Jordanie, le Yémen du nord, le Pakistan et le Népal, le retour en 1991 en continuum terrestre via l'Iran. Entamé à deux et poursuivi seul, sans durée déterminée au préalable ni d'itinéraire défini, ce fut une rupture radicale du couple travail-loisir et de la possibilité d'une famille : trois ans de vagabondage et le début d'un cursus lunaire qui allait irrémédiablement gonfler dans mon curriculum vitae.

Au gré des années, j'ai laissé s'exprimer en moi une forme d'insouciance qui m'a au fond toujours constitué. J'ai suivi les traces de mes parents, puis j'ai choisi librement le vélo, ma propre pierre de Rosette pour déchiffrer le monde. En sédentaire maladroit, je n'appréhendais pas le chaos, mais le calcul et la routine, pas l'incertitude ni la curiosité de découvrir, mais le confort. La selle plutôt que le divan, la fuite plutôt que l'enclos, le mouvement plutôt que les chaînes. Au monde dit du « marché libre », sans rien revendiquer, tout en déclinant mon propre amour du voyage, j'ai épousé la liberté sans frontière, sans rien vouloir produire ni prouver, loin de la mode ou de tout esprit de performance. La gratuité de l'effort plutôt que l'économie monétaire : je voulais me dépenser sans compter, tendu vers un futur qualitativement inconnu, à l'image de « l'aventureux » de Vladimir Jankélévitch, celui qui établit un rapport particulier au temps dont l'enjeu n'est pas l'évènement mais l'avènement. Celui qui reconnaît l'incertitude fondamentale, son indétermination. C'est même la condition sine qua non pour vivre pleinement un mode de vie nomade en résonance avec le monde, une initiation, en grimpant avec force et agilité de véritables cols et sommets plutôt que des échelons hiérarchiques…

Trois ans avant mon incarcération en 1980 pour refus de servir, mon frère aîné, René, poursuivait déjà deux vies en parallèle : ses études de géologie et sa passion pour la spéléologie. Il commençait à entrevoir la planète entière à travers le prisme du monde souterrain, auscultant les moindres de ses strates et de ses plissements. Moins radical que moi dans la contestation du modèle social, il se jura cependant de ne pas travailler dans la prospection du pétrole, mais plutôt dans la recherche de l'eau dans les pays du Sud. Comme aîné, il me guidait, taillait le chemin à la serpe ; et je suivais ses traces. Enfant, j'étais plutôt de nature timide, et mon frère me servait tantôt de bouclier, tantôt de fer de lance. Il prenait la parole en public, j'écoutais en filigrane. Mais alors que nous débattions de l'avenir de nos vies, cela devenait de moins en moins vrai. Nous chérissions la liberté et étions tous deux habités d'une passion sincère et terrestre. Il explorait les entrailles et moi les éminences. Je n'avais aucune vocation taupinesque, mais une attirance très prononcée pour l'air libre. Nous partagions ce que Jean-Didier Urbain nomme « une affinité foncière entre goûts des sommets et goûts des profondeurs (…) un alpinisme des profondeurs (…), une escalade à l'envers donc, où le vertige n'est même plus une affaire de haut et de bas mais de grisante perte de repères sur un axe vertical scellant l'unité érotique de l'expérience des gouffres et de pics ».

Je dévorais des récits de tour du monde à vélo. Je rêvais, de vastes étendues, d'horizons infinis, d'absolu, mais ne savais aucunement à quelle profession me vouer. Nous étions nés dans le boom économique des années 1960 où tout était possible. Nous baignions dans l'idéalisme, la chanson française et la musique pop. La réalisation de mon rêve d'évasion était un privilège de plus, mais il exigeait aussi, paradoxalement, une forme d'engagement total, de « bravoure », une qualité que l'on a tenu à m'exprimer partout dans le monde.

Ce désir se fit si insistant qu'il balaya ma raison et s'empara de ma vie. A travers lui, j'exprimais, plus qu'un refus de grandir, une fidélité à mon enfance, à ma curiosité et à mon amour de la géographie. Sans véritablement m'en rendre compte, j'allais inventer peu à peu un mode de vie hybride, alliant le vélo, l'aventure, l'écriture et la photographie, un métier de « cyclonaute » inconnu au registre professionnel – self-made-man et libre penseur, comme mon père.

Chacun de nous tentait à sa manière de se « déprogrammer » de son propre terreau originel. Mon père était le seul de sa famille à avoir eu le courage de quitter la Suisse alémanique pour la Romandie. Il avait amorcé un mouvement de décentrement que j'allais étendre à la Terre entière, sans réelle intention que d'éprouver la douceur et la rugosité de sa rotondité, de l'embrasser sans retenue, jusqu'au vertige, tel un derviche tourneur. Les deux hémisphères de la planète se refléteraient dans mes globes oculaires. Aucune route ne serait assez longue pour assouvir ma résolution. En toute trajectoire personnelle, c'est la qualité de la mise à feu qui importe. « Le courage n'est pas un savoir, mais une décision. » (Vladimir Jankélévitch)

La mort subite de René fut un tremblement de terre familial. C'était un dimanche matin de septembre 1979. Ma mère était partie en France voisine. J'écoutais un blues de John Renbourn lorsqu'on sonna à la porte. Un groupe d'hommes, parmi lesquels je crus reconnaître quelques visages, se présenta. J'ai oublié par quels mots ils m'annoncèrent le décès accidentel de mon frère. Je me souviens d'être resté sidéré, puis avoir fondu en larmes. Ils ont dit des choses, je ne sais plus lesquelles. Je n'entendais plus rien et refusais de croire qu'il était parti pour toujours. Une brûlure me transperçait l'âme. J'avais perdu tout repère, j'étais foudroyé, submergé par une tristesse infinie, incapable d'articuler une seule parole. Ils sont partis en me laissant l'urne funéraire de mon frère entre les mains. J'étais saisi, en proie à un sentiment de déréliction. Pris de convulsions, je me suis roulé à terre, puis je suis allé dans sa chambre, m'agrippant à des photos et des souvenirs, ouvrant chaque tiroir. Il était là. Il ne pouvait pas être mort. Il reviendrait. J'ai dégringolé les escaliers, enfourché mon vélo en sanglotant, mon corps tout entier tremblait d'une magnitude inconnue. J'ai inondé la route de pleurs. Mon souffle vacillait. La terre tout entière se dérobait sous mes roues, le ciel me tombait sur la tête. L'insondable douleur me consumait. Je fuyais.

Le matin même, un quotidien local avait annoncé la mort de mon frère en première page. J'ai prié pour que ma mère n'apprenne pas la terrible nouvelle d'une si banale manière. Orphelin de mon frère, il m'incombait à présent, en tant que fils unique, de l'annoncer à ma mère. Ce fut terrible. La pire épreuve de ma vie. Sans aucun doute la pire pour elle aussi.

René s'est noyé au cours d'une exploration de la mégadoline Kava Kuna – l'Everest pour le spéléologue passionné qu'il était –, un gouffre au milieu de la jungle situé à l'autre bout du monde, en Nouvelle-Bretagne orientale. Une corde pas suffisamment tendue au-dessus d'une rivière souterraine endiablée, un vacarme d'enfer et un manque de visibilité, un lourd sac qui pend, un trio exténué... et peut-être aussi une exploration trop tardive par rapport à la saison des pluies. Quelles que soient les circonstances, on n'est jamais prêt à perdre un être cher. On se sent totalement démuni, mais il faut pourtant faire face, la vie n'attend pas.

Une dimension tragique imprégna dès lors mon existence et celle de mes parents. Elle signifiait le chaos du monde, révélait la fragilité de la condition humaine. La vie est-elle déterminée par l'imprévu ? Les évènements les plus improbables finissent-ils toujours par se produire ? J'avais besoin de comprendre ce qui nous arrivait et me mis à fouiller dans l'histoire de la mort en Occident. Je tombai rapidement sur la description précise des cinq étapes du processus de deuil que feu la doctoresse suisse Elisabeth Kübler-Ross avait si bien théorisé : le déni, la révolte, la colère, la déprime et l'acceptation. Un deuil d'autant plus long à faire que l'injuste accident avait eu lieu à l'autre bout du monde et que l'urne funéraire représentait désormais matériellement mon frère. Puis, toujours en quête d'explications, je m'intéressai à la psychogénéalogie et découvris, entre autres, les travaux d'Emmanuel Ratouis : « Dans la symbolique, le spéléologue qui évolue dans les entrailles de la terre pourrait exprimer par sa passion la nécessité d'un lien fusionnel à la mère ou tout simplement la nécessité inconsciente de revenir dans le ventre de sa mère. Comment s'est passée sa venue au monde ? Comment a-t-il été accueilli ? Etait-il désiré par sa mère ? »

Si l'interprétation intellectuelle était une chose, la compréhension émotionnelle en était une autre. Elle exigeait beaucoup plus de temps. Comme la Terre, nous avons nos propres limites, et où que l'on aille, nos ombres toujours nous suivent. A partir de ce tragique instant, j'ai pédalé comme on respire profondément pour conjurer la nuit puis, littéralement, je me suis laissé porter, comme un pur exercice de mon système nerveux autonome. Et Baudelaire de m'accompagner : « Verse-nous ton poison pour qu'il nous réconforte !/Nous voulons, tant ce feu nous brûle le cerveau/Plonger au fond du gouffre, Enfer ou ciel, qu'importe/Au fond de l'Inconnu pour trouver du nouveau. »

Le voyage allait aussi me révéler la plus sévère des impermanences : l'amour, sauf celui, inconditionnel, des parents pour leurs enfants qui, à la perte de l'un d'eux, se transforme alors en la plus cruelle des souffrances. Comment exorciser la disparition de leur fils, de mon frère ? Malgré l'inextinguible souffrance d'avoir perdu René, ma mère n'avait jamais cessé non seulement de toujours me laisser partir, mais encore de me soutenir durant mes voyages, assurant à elle toute seule la tâche qui incombe normalement à une entière équipe de logistique. C'est elle aussi qui découvrait la première mes textes écrits à la main et mes diapositives, suivait ainsi mes périples au plus près. Quelle plus grande preuve d'indéfectible amour est-il possible d'exprimer à un fils ?

Avec le décès de ma mère survenu le 3 novembre 2020 dans sa quatre-vingt-douzième année, me voilà orphelin. N'ayant moi-même pas d'enfant, je suis désormais le seul représentant de notre branche familiale. Je mesure à présent mieux encore combien je me sens porté par sa dévotion à notre égard, son esprit d'initiative, son sens de l'hospitalité et sa curiosité. Combien mes voyages ont été, d'une certaine manière, une réalisation personnelle autant que familiale.

Longtemps, j'ai pensé pédaler de Suisse jusqu'en Papouasie Nouvelle-Guinée afin de retracer les derniers gestes de mon frère et de rencontrer les gens qui l'avaient connu sur place. Mais cette idée ne subsista qu'à l'état de songe. Plutôt que de creuser le passé en roulant sur ses traces jusqu'en Océanie, ce continent si morcelé, je décidai de l'emporter partout ailleurs, vers le futur, dans une quête d'unité. A l'univers des forêts qui engloutissent lumière et horizon, j'ai toujours préféré la ligne de crête, le regard tourné vers le haut. La seule richesse ici-bas ne s'appelle-t-elle pas la diversité, humaine ou non ? Quelle que soit sa durée, chaque vie est incroyablement unique. Il me fallait dorénavant apprendre à cultiver la mienne.

J'ai appris peu à peu à vivre en tant qu'enfant unique, dans le « grand dehors », à manier guidon et stylo, à photographier, à raconter des histoires. J'admirais le métier de reporter. Fasciné par l'âge d'or des premières agences photographiques, j'ai voulu un temps devenir photojournaliste. Pendant mes voyages, j'ai correspondu avec différents quotidiens suisses et magazines étrangers et, depuis 2001 jusqu'à aujourd'hui, j'exerce partiellement le métier de journaliste indépendant. Il me semblait alors qu'en restant sédentaire ad vitam æternam j'allais passer à côté de l'essentiel, que l'évolution du monde m'échapperait. Je voulais être emporté dans son courant, faire partie du grand tout. J'étais animé d'une envie d'ailleurs, curieux de l'inaccessible, de l'indisponible, tout en cherchant une issue pour échapper à ma géographie intérieure marquée au fer rouge par la disparition de mon frère.

J'écoutais Jacques Brel chanter *Jojo* : « J'ai plaisir à te dire/Que la nuit sera longue. (…) Six pieds sous terre Jojo tu frères encore/Six pieds sous terre tu n'es pas mort (…) Six pieds sous terre Jojo tu n'es pas mort/Six pieds sous terre Jojo je t'aime encore. » Je tentais de le faire revivre en le retirant des profondeurs jusqu'à l'élever aux cimes. Il m'avait passé le flambeau. Son absence se fit présence : je le portais désormais en moi où que j'aille, voulais l'emmener sur mon porte-bagages pour qu'il puisse visiter la planète entière. Je me disais que mes pleurs fructifieraient l'humus et que le temps me guérirait. Je voulais pédaler mon chemin comme on se soigne. Il n'y avait qu'un vélo d'assez tamboréen pour me soulever de terre. J'avais viscéralement besoin de quelque chose d'extraordinaire pour transcender cette douleur dévastatrice et me réconcilier avec le monde. Il me fallait un miracle. Vivre, intensément, de la jubilation à la sérénité, en passant par la souffrance et la tristesse. C'était maintenant ou jamais.

Sa noyade m'avait convulsé. Sans lui, la vie ne serait plus tout à fait la même. D'une manière évidente, explorer des cavernes se présenta à mon être comme une voie sans issue : « S'enfoncer dans le cœur de la terre, explorer les souterrains du Labyrinthe ou les grottes naturelles ne peut rien apporter à l'homme, ne peut rien ajouter, ni changer à sa terrestre condition. » (Jacques Lacarrière)

Métamorphoses

Dans sa chute, il comprit qu'il était plus lourd que son rêve et il aima, depuis, le poids qui l'avait fait tomber.
Pierre Reverdy

Sept ans plus tard, je vécus une chute d'homme-oiseau et, tel Icare, me brûlai les ailes. Etait-ce une tentative de suicide inconsciente pour rejoindre mon frère, comme le pensa un ami ? Vouloir voler de ses propres ailes, est-ce donc si indigne ?

C'était un accident passé sur le compte d'une erreur de jeunesse, pas un châtiment. Ma soif de vivre était plus forte que tout et s'exprima par mes plus longs voyages qui suivirent ma chute. Tous furent des ascensions. J'étais mû par un profond désir de liberté. Cette chute marqua un tournant majeur dans ma vie.

C'était un dimanche de juin 1986. La veille, mon père et ma mère avaient énergiquement tenté de me dissuader d'effectuer un vol en parapente dans le massif des Diablerets. Ils exprimaient une crainte fondée et amplifiée par la perte de leur premier fils. Je ne trouvais pas du tout ma place dans mon travail d'éducateur spécialisé. Ma relation de couple périclitait. Je refoulais cette intenable réalité. Ce nœud gordien annonçait une catastrophe : une rupture avec moi-même. Je ne voulais pas voir les limites où elles sont. D'ailleurs, je ne les voyais pas du tout. Mettant ma vie en jeu, je voguais déjà, icarien, au pays des frontières perdues. Plus tard, voyager à vélo m'apprendrait à franchir de nombreuses démarcations de tous ordres, à m'élever de la pesanteur, sans pourtant jamais quitter la terre ferme ni mettre ma vie en péril.

Ce jour-là, je m'envolai de la station intermédiaire du téléphérique des Diablerets dans les Préalpes suisses et tirai fermement ma suspente droite. Mon parapente se torcha et me précipita en chute libre. Mes jambes vacillèrent sous le choc et je m'effondrai. Un guide qui descendait de la montagne appela immédiatement les secours. Un hélicoptère arriva sur les lieux. Afin de pouvoir me glisser à l'intérieur, les secouristes me placèrent sur une civière en deux parties qu'ils emboîtèrent. Ils furent contraints de me déplacer et ma moelle épinière fut touchée. Je criai à mourir, comme une bête forcée de se rendre à l'abattoir. Couché, je voyais les pâles du rotor hachurer le ciel.

A l'hôpital, le scanner révéla une troisième lombaire en poudre, explosée comme une vesse-de-loup, et une rate éclatée. Le calcanéum de mon talon droit s'était aussi brisé au moment de mon violent impact avec le sol, mais je ne m'en étais pas rendu compte. Pendant trois semaines, j'ai été rivé sur le dos sur un lit d'hôpital, sans échappatoire. Mes jambes de sportif, qui avaient quelque peu amorti la chute, restèrent durant quelques jours dures comme de la pierre. J'étais cassé mais en vie, extrêmement reconnaissant de l'être et l'objet de tous les soins. L'assujettissement du corps oblige à penser. Soudainement, j'avais enfermé ma vie entière et mes actes dans mon corps meurtri. Mais, blotti dans un recoin de mon âme, je me sentais happé en plein vol, inabouti. La terre plutôt que le ciel me donnerait-elle une seconde chance ?

Mes proches tremblaient pour moi en se gardant bien de me le dire, car au-dessus de mon corps pendait une épée de Damoclès : l'usage futur de mes jambes était hypothétique. Vint le jour de l'opération. La morphine me propulsa dans un autre monde, hors de la douleur et du temps. L'intervention chirurgicale dura onze heures, et l'infirmière en soins intensifs se souvient encore des premiers instants de mon réveil : je bougeais mes jambes ! Comme si seul le vélo pouvait me sauver d'une existence dont le pire serait de ne jamais pouvoir repartir. On moula ensuite le haut de mon corps dans un plâtre dans lequel on scia un disque à la fraiseuse afin que je puisse respirer par le ventre et faire un peu de place à la digestion. Je devais rester enserré dans cette camisole de force tout en fibre de verre et en plâtre le temps que les barres en métal dans le dos et la greffe se solidarisent. Tout cela ressemblait à de la mécanique.

Ma vie à l'hôpital se déroula ainsi pendant quatre mois, d'abord complètement à l'horizontale, puis peu à peu en chaise roulante, et enfin de plus en plus sur deux béquilles. Ma musculature avait fondu et j'ai dû réapprendre quelques gestes élémentaires. J'étais très motivé par la physiothérapie, mais au départ je tenais à peine sur mes genoux. Plus tard, juste sur une jambe entre deux barres parallèles. Le chirurgien m'avait dit que je pourrais un jour à nouveau pédaler et skier, mais j'avais encore du mal à le croire. J'avais vingt-six ans et pleurais à chaudes larmes à l'idée que mon rêve de tour du monde à vélo puisse s'envoler à jamais. Pas question pour moi de m'enchaîner au renoncement ! Au bout de trois mois, chair et muscles me recomposant, j'avais grossi de douze kilos et commençais à me sentir à l'étroit dans mon corset. On le découpa avant de m'emballer à nouveau pour trois mois et demi supplémentaires.

Cette carapace était devenue mienne, une véritable chrysalide. A tel point que le jour où on m'en libéra, une peur bleue s'empara de moi. En marchant à l'aide de mes béquilles, je craignais de m'abaisser pour mon premier bain lorsque ma compagne me lava. J'avais quitté un corps ancien et périmé, et me sentais comme un nouveau-né, logé dans une nouvelle enveloppe charnelle, étranger à moi-même, un corps qu'il me fallait apprivoiser pour aborder l'autre bord du ciel. Je l'avais payé cher, mais étais sauf. La « nature » est une abstraction qui n'existe pas : de la naissance à la mort, lové en elle, l'humain n'est pas un géant homérique. Désormais, je portais la marque du survivant : une balafre de plus de trente centimètres sur le flanc et une autre, plus fine, dans le dos. Et les jumeaux du mollet droit resteraient à jamais atrophiés.

Je réappris à marcher et n'oublierai jamais que s'élever trop haut, c'est s'exposer à tomber très bas. Mieux vaut être un bienheureux terrien qu'un oiseau godiche. Au bout d'un an, ma physiothérapeute m'autorisa à remonter sur un vélo, sans forcer, à l'écoute de mon corps. Je m'étais depuis trop longtemps mis à distance du monde et avais urgemment besoin de me relier à la terre ferme pour retrouver ma montagne ardente. Je partis instinctivement vers la Méditerranée (ma mère), en empruntant la route Napoléon, la montagne (mon père). Mon être cherchait réparation. Quelques jours plus tard, j'atteignis le rivage. Les larmes aux yeux, je plongeai dans la grande bleue. Sous un ciel dorénavant protecteur, rien n'était au-dessus de la vie. Ni ange, ni poisson, rien qu'en homme, je prendrais soin de mes couleurs et naviguerais sur la terre entière.

A fréquenter le petit monde des dits « aventuriers », « professionnels » ou non, on retrouve souvent un trauma à la base d'un choix de vie radicale. Plus une règle qu'une exception, leur capacité hors norme à endurer un taux de souffrance extrême est directement liée à des situations de tension inouïe qu'ils ont dû traverser pour exister. Ils se doivent alors de réaliser une exceptionnelle action dans une incandescente fusion avec le « monde sauvage ». Comme si, en apparence, tout dans la vie dépendait essentiellement de nous-mêmes, de notre seule volonté. En réalité, l'endurance de ces aventuriers souvent portés aux nues est mue par de profonds et brûlants courants souterrains, dont l'irruption se manifeste dans leur propension à jouer avec le feu. Au risque aussi qu'une vie sédentaire privée d'une telle intensité ne leur devienne insupportable. Un silence de plomb recouvre les véritables raisons qui les poussent à prendre de tels risques. Ces raisons sont peut-être plus à rechercher dans la part d'ombre liée à un trauma. En effet, derrière leur charisme et leur carapace d'invincibilité, leur miroir d'immortalité, se cache souvent une très grande sensibilité liée à des vibrantes ramifications, à de profondes blessures. Leurs aventures expriment parfois une forme de symbiose, de transcendance, d'exutoire, voire de rédemption. Parmi eux, certains souffrent de la culpabilité du survivant, le syndrome de Lazare.

Quelques années avant sa mort, mon père s'est délesté d'un lourd secret de famille de trente-neuf ans. La vie m'avait réservé une surprise de taille : j'appris que j'avais un demi-frère cadet. La crypte familiale s'entrouvrit. L'image que je m'étais forgée d'un père profondément intègre s'effrita autant que s'attisa ma curiosité. Il refusa toutefois de me livrer le nom de famille de ce demi-frère. Je me souvenais cependant de sa mère, que j'avais connue pendant mon adolescence, lors de vacances en ex-Yougoslavie, et que mon frère et moi avions appréciée. Quelques mois après cette annonce sismique, j'ai rencontré cette femme par hasard tandis que je m'affairais à ranger mon matériel à la fin d'une projection de mon diaporama du tour du monde. Elle est venue me demander si je connaissais un certain Marc Marthaler. Je lui ai répondu que c'était mon père. Alors elle s'est présentée, et à la seule évocation de son prénom je l'ai prise dans mes bras.

Le silence de mon père nous avait séparés durant de nombreuses années. Elle a téléphoné à son fils pour lui raconter nos retrouvailles et, quelques semaines plus tard, j'ai fait la connaissance de mon demi-frère en chair et en os. Ce jour-là, je me suis mis au volant dans un état fébrile, semblable à celui que l'on ressent lors d'un coup de foudre. J'aurais pu auparavant le croiser dans la rue, sans savoir que le même sang coulait dans nos veines… Je me souviens exactement de cette première rencontre : nous étions comme deux animaux se flairant et tentant de se reconnaître. Le plus troublant était que, de ses trois fils, il était de loin celui qui ressemblait le plus à mon père, physiquement et intellectuellement. Il était chercheur en neuro-génétique. Ils avaient en commun un même profil de brillant scientifique.

Mon père, qui n'ignorait pas son existence, s'était toujours refusé à établir avec lui le moindre contact pendant presque quatre décennies. Je lui formulai le souhait qu'il rencontre finalement son fils, ce qu'il fit. Après tant d'années, chacun avait fait du chemin. Lors de cette entrevue, mon père s'est enfin soulagé d'un lourd fardeau et son fils a même plaisanté en le remerciant pour la transmission de sa bonne génétique intellectuelle! Après cela, j'ai eu le plaisir de revoir mon demi-frère à deux reprises et d'échanger avec lui quelques messages écrits, dont je retiens un seul mot: frèrement. Ma mère n'aura jamais rien su de son existence.

En 2016, sa mère me laissa un message sur mon répondeur m'annonçant que mon demi-frère s'était donné la mort. Il souffrait de la maladie de Crohn et les douleurs lui étaient devenues insupportables. Notre père, décédé moins de six mois plus tôt à l'âge de quatre-vingt-dix ans, n'en a jamais rien su. Je me rendis bien sûr à ses obsèques, où personne, à l'exception de sa mère et de ma compagne, ne connaissait mes liens de sang. Son directeur souligna ses découvertes mondiales sur la maladie de Parkinson et ses nombreux collègues lui rendirent un vibrant hommage.

Privilégier le monde visible est propre aux temps modernes. Antérieurement, l'invisible avait une importance égale, ou supérieure: l'âme valait davantage que le corps. Les séismes humains brouillent les pistes et taillent des lambeaux de mémoire charnelle. Ils ressemblent étrangement à l'éruption du Tambora: ils adviennent sans prévenir, surchauffent nos tripes, nous secouent et brisent durablement nos plus profondes certitudes. La vie éternelle à laquelle, enfants, nous avons tous cru, peut s'interrompre en une fraction de seconde. Aux yeux d'un adulte, l'existence ressemble davantage à une succession de pertes, à l'ombre desquelles s'enracine pourtant la lumière. Le thème de la chute traverse ainsi ma vie et souligne la suprême valeur de l'instant. J'avais moi-même entamé un voyage à vélo à Cuba en me fracturant littéralement le nez, et un bras cassé avait mis un terme à un périple avec ma compagne au Tibet oriental… Chaque partie de l'organisme renvoie à un symbole et lorsque le corps souffre, c'est l'âme qui demande à être guérie. Les plus grandes blessures sont donc invisibles, mais ouvrent à la compassion et peuvent servir, au mieux, de véritable tremplin personnel.

Les familles sont des arbres aux racines cachées, une mine inépuisable de secrets qui gargouillent comme des fantômes tapis dans l'ombre… si personne ne les consigne. Je suis ainsi devenu le greffier partiel de ma famille, aussi bien que l'ultime représentant de ma branche généalogique. La question lancinante du pourquoi d'une fratrie si malmenée me restera toutefois à jamais une béance insaisissable ; en réalité, la douleur s'est refroidie, noire et muette comme la lave longtemps après l'éruption.

Pédaler le vaste monde m'a permis de chauffer les muscles et de refroidir la chambre magmatique de mon bas-ventre, de revisiter les coulisses de ma vie (parfois raides à s'y rompre le cou) en embrassant le grand orbe de la terre, comme si je foulais son sol pour la première fois. Sa généreuse convexité empêche de mordre un virage à la corde. Bourlinguer fonde un décentrement perpétuel, soutient un apaisant changement de point de vue. La beauté, souvent, est ce qu'on voit après l'avoir quittée. Elle est partout, il suffit de regarder : sur l'île de Bali, à seulement trois cents kilomètres à l'ouest du cratère Tambora, un énigmatique bas-relief du temple Pura Maduwe Karang – temple du (seigneur) possesseur de la terre – représente un Occidental à vélo d'un mètre de haut, avec des fleurs en guise de roues… Le relief est une représentation de l'artiste néerlandais Wijnand Otto Jan Nieuwenkamp (1874-1950) qui a exploré l'île avec son vélo en 1904. Il a été gravement endommagé lors du tremblement de terre de 1917. Le processus de restauration l'a rendu plus floral, jusqu'au paréo de Nieuwenkamp et les motifs du buisson en arrière-plan. La roue avant se présente avec des rayons en fleurs de lotus. Entre ses pieds et les roues se trouvent un rat et un petit chien. Les initiales et la moustache de Nieuwenkamp ont disparu, mais l'histoire se raconte encore.

Reconnaître ses propres limites en écoutant son corps, associer les êtres et les choses, partager ses émotions intimes, s'entendre d'abord avec ses proches, inspirer, seraient d'un grand secours dans notre temps insolemment compétitif et monétarisé, qui manque cruellement de philosophes. Nous ne sommes rien sans les autres. Le voyage à vélo offre peut-être une occasion rêvée de faire le point, avec la bonne distance temporaire pour se relier aux gens qu'on aime et qui nous aiment : ceux et celles qui comptent réellement. Quoi de plus beau que de se savoir attendu par un être aimé ?

Aujourd'hui, je ne ressens plus le besoin d'aller « repêcher » mon frère noyé, car il vit profondément en moi. J'ai libéré ma parole, partagé quelques mots justes, « car le mot, qu'on le sache, est un être vivant » disait Victor Hugo dans *Les contemplations*. Il a le don de matérialiser l'âme. Je repense avec une forte affection à mon père, programmateur de la première génération : ce métier qu'il avait choisi n'était-il pas pour lui une manière de se « déprogrammer » de son environnement familial ? En suivant son modèle, j'ai ainsi moi-même d'abord cherché « ailleurs ».

Se hisser sur les hauteurs, se ressourcer : un éloignement de la mère parfois étouffante et un voyage symbolique vers un père manquant, Dieu le père, le lieu des esprits, du repos des âmes – une ascension initiée il y a plus de deux mille ans dans notre culture judéo-chrétienne. Le ciel incarne l'ordre sacré de l'Univers, à l'image de l'empereur chinois, fils du ciel. Comme on le pressent, la question des origines est à la source de toutes les questions. Quoi qu'on fasse, on creuse toujours son chemin gravé dans les moraines familiales, une mémoire congelée de souffrance car non exprimée, dont nous sommes toujours redevables, concrètement, par le seul fait d'exister. Je crois toutefois m'être libéré de mes dettes vis-à-vis de mes parents et de mes ancêtres. La condition humaine commande l'humilité : je ne suis aucunement doté des facultés du dieu romain Janus, le gardien des portes du ciel, des passages et des croisements, divinité du changement, de la transition, des commencements et des fins qui, de ses deux visages, pouvait à la fois voir devant et derrière, dedans et dehors…

Je n'aurai jamais le temps de tout expérimenter, mais l'ascension me permet aujourd'hui, surtout, de nourrir mon équilibre, mon imagination et ma plume, de me revitaliser.

La génération de mes parents disparaît peu à peu et je vois de moins en moins la nécessité de remonter mon arbre généalogique, même si je reste sensible à la psychogénéalogie. En deux mots, elle consiste à reconnaître les phénomènes de répétition inconscients entre générations qui nous « programment » à prendre des risques au péril de notre vie. Le cerveau lui-même nous détournerait de ces mémoires enfouies et douloureuses. Pour y répondre, « la répétition de la confrontation au traumatisme familial ou la tentative de réparation face à ce même traumatisme sont les deux attitudes les plus courantes ». Le guide de montagne et psychogénéalogiste Emmanuel Ratouis a creusé cette analyse pour en faire l'œuvre de sa vie. Skieur de l'extrême dans sa jeunesse, il a vu disparaître les uns après les autres ses compagnons de cordée et a pris conscience que lui-même allait bientôt y passer : « L'enfant cherche inconsciemment à réparer le problème qu'il a posé. » Une fissure dans la partie invisible de sa vie et de celle de ses ancêtres, faite de ressentiments et de culpabilité non digérés, régissait son existence à son insu, à l'échelle de quatre à sept générations, tel un magma bouillonnant dont l'éruption volcanique peut resurgir à tout moment. Une cascade de transmissions familiales invisibles, une empreinte, « une piste cruciale pour décrypter le sens de nos cheminements ». L'auteur s'est mis à l'écoute du « langage des oiseaux », celui des sonorités, ce que celles-ci véhiculent inconsciemment jusqu'à notre cerveau qui en capte les nuances pour s'en approprier le sens. Jusqu'où peut se nicher une destinée? A chacun bien sûr sa définition de la liberté. Ainsi, selon Emmanuel Ratouis : « Notre vie consiste à relire des situations émotionnelles inachevées et à les conclure. Notre corps est le miroir biologique des souffrances généalogiques. »

Pour ma part, explorer le monde m'a métamorphosé. Le tournoiement de mes roues a sculpté mon corps de vallées profondes et de chemins escarpés. Je ne me suis jamais détourné du monde mais l'ai embrassé, je n'ai jamais emprunté de raccourci, ni forcé le passage du Nord-Ouest entre Atlantique et Pacifique. De mes traces invisibles, j'ai peu à peu rassemblé les continents comme on rassemble les pièces d'un puzzle, à l'image des mosaïques de Pompéi, ensevelies par l'éruption du Vésuve en l'an 79. Mes liens familiaux se sont étendus aux méridiens, autant de pistes empruntées à démêler les fils de mon existence. Au mouvement planétaire a fait écho l'émulation d'un maillage intérieur, une vue en éclaté de mon être. Pour peu que je plonge mon regard dans le Bosphore, des courants opposés choisissent leur profondeur et leur température. En séparant l'Europe de l'Asie, ils relient pourtant la mer Noire à la Méditerranée... Chérie par les poètes depuis les temps immémoriaux, ô liberté, où te caches-tu?

L'incertitude est concomitante à la vie. Voyager à vélo l'illustre parfaitement. Pédaler, c'est rester ouvert aux quatre vents, ne jamais dire jamais, accepter de ne rien maîtriser en accueillant une part de fatalisme. Regarder les choses en face et s'y laisser entraîner d'une patiente équanimité. Chaque rencontre avec un objet, un paysage ou un humain est un carrefour qui nous oriente. Quelle marge de liberté reste-t-il à l'homme pour ses choix fondamentaux ? Quoi qu'il en pense, les événements les plus déterminants dans une vie, à l'image de l'éruption du Tambora, adviennent sans prévenir. Qui d'entre nous, par exemple, a jamais choisi de tomber amoureux à tel moment, de telle personne ? Dans son livre *Le cygne noir*, Nassim Nicholas Taleb développe la thèse sociétale selon laquelle « le monde est généralement présenté de manière artificielle et trompeuse. Ce serait le travers des économistes et des scientifiques que de vouloir soumettre leurs observations aux règles mathématiques et prétendre ainsi prévoir les événements avec la certitude des lois de la probabilité. Or le monde n'est pas prévisible. L'avenir est un pur hasard, on perd son temps à le prédire. L'histoire est plutôt déterminée par des événements extraordinaires et imprévus, mais dont le caractère surprenant disparaît dès que l'événement est survenu. La découverte d'un cygne noir en Australie au XIXe siècle fut extraordinaire parce qu'auparavant le cygne noir désignait une observation jamais faite. Les cygnes étaient supposés tous blancs. Aujourd'hui, l'existence de cygnes noirs n'a plus rien de surprenant. » L'éruption du Tambora a été un cygne noir, tout comme les séismes ou certains événements heureux d'une vie qui surgissent : ils nous déroutent d'une manière inimaginable. Il faut alors se libérer de ses propres fantômes et, sans perdre pied, responsabiliser son regard, chercher la lumière extérieure pour voir clair en soi.

On ne touche pas le même monde avec ses roues. Loin du fracas de nos vies, voyager à bicyclette est une quête de sens et de beauté, comme si celle-ci disait toujours quelque chose d'essentiel. Pédaler délivre une possible métamorphose comme le phénix, en croquant la vie à pleines dents. Je tente vainement de graver en lettres de feu ce bref passage sur une terre qui engloutit les générations et restaure le printemps. Ainsi donc, je tends l'oreille au discours des choses muettes, à l'alliance secrète entre l'aérien et le souterrain, aux rituels, ce credo africain de relation aux ancêtres, car la mort n'est pas toute puissante. Mère, père, frère, demi-frère, désormais mes anges gardiens, tous vivent à mes côtés, infrangibles. Ceux-là même qui mangent les pissenlits par la racine sont le bruissement du monde, exactement comme le dit Birago Diop lorsqu'il poétise ce qu'il nomme « le souffle des ancêtres » : « Ceux qui sont morts ne sont jamais partis/Ils sont dans l'ombre qui s'éclaire/Et dans l'ombre qui s'épaissit (…)/Ils sont dans l'eau qui coule,/Ils sont dans l'eau qui dort,/Ils sont dans la case, ils sont dans la foule/Les morts ne sont pas morts. »

Saute-frontières

Voir un monde dans un grain de sable
Et un ciel dans une fleur sauvage
Tenir l'infini dans la paume de la main
Et l'éternité dans une heure.
William Blake

Franchir une frontière à vélo, c'est regagner le continuum de la nature, connaître le ruissellement de l'eau, le souffle du vent, le tournoiement des étoiles. Renouer avec la grande histoire et, naturellement, avec la sienne. A vélo, on cesse de s'opposer pour retrouver le sens de l'unité et le rythme cyclique des saisons. Sillonner un territoire de plus en plus exotique et lointain, c'était grandir. Je me sentais véritablement passer de l'enfance à l'âge adulte. Le temps fusionnait ainsi avec l'espace. Chaque frontière traversée, de plus en plus éloignée, marquait une étape de mûrissement, si bien que ce chapelet de cairns rythme aujourd'hui ma vie et lui donne du sens. Au travers de mes lectures, j'ai accentué cette sensation d'une exploration de plus en plus vaste, de Genève à l'autre bout du monde, tandis que s'est renforcée ma perception de l'absolue interdépendance des choses et des hommes, une vision holistique, peut-être même karmique. Et une crainte croissante qu'avec l'âge venant, restreindre ce cercle me ferait mourir intérieurement. La patience pourrait voler au secours du rétrécissement géographique – après l'étendue, la profondeur.

Rouler éclaircit les pensées et me place dans un état d'éveil. En même temps que je gribouille ma sente sur la mappemonde poussent mes racines et mes ailes, les cernes de mon être. L'homme n'a jamais été le centre du monde, mon lieu de naissance ne l'est plus – le centre, c'est le magma. Ne sommes-nous pas tous régis par la tectonique des plaques, ce principe unificateur de la géologie moderne ? L'épiderme terrestre est cette fine couche trouée de volcans sur laquelle s'agitent les hommes, la route cette matière brute qui grave des souvenirs dans ma chair, une vague d'émotions qui reflue puissamment le courant de mon existence comme un mascaret.

J'aime cette vie vagabonde, simple et enveloppante. Chaque coup de pédale complexifie un monde gigogne comme une *matriochka* (ces poupées russes de plus en plus petites qui s'emboîtent les unes dans les autres) tout en me le rendant plus familier. Cependant que l'indicible et mystérieuse réalité se loge dans les instants informes, prometteurs et apaisants de l'aube, des frontières inénarrables échappent aux lois arbitraires du cadastre. J'ai soif d'une harmonie perdue, d'une famille-monde, d'un père-montagne, d'une mère-rivière, de frères humains. Si la Terre n'est qu'un seul pays, la modernité nous atomise et le vélo, ma ligne de vie, nous rassemble. Le monde me murmure sans cesse ses confidences, car je ne suis pas un conquérant mais un explorateur de l'âme. Je descends de ma bicyclette comme d'un songe éveillé, comme Louis Nucéra « je suis venu au monde à l'ombre précaire d'une bicyclette suspendue entre ciel et terre ».

A Genève, ma ville natale, où que mon regard pointe, il bute contre une montagne : les Voirons, le Môle, à la forme de cône presque parfait, tel un volcan, le Vuache, le Jura ou le Salève. Et comme si cela ne suffisait pas, derrière ce grand saurien assommé, une seconde vague, plus haute encore, barre l'horizon : les Alpes et « notre » sommet continental, le mont Blanc. Les montagnes environnantes furent donc mes premières frontières naturelles, ma jeunesse ; elles ont façonné mon regard et fondé une échelle de grandeur verticale qui suggère une congruence à la matière, l'indistinction entre le dedans et le dehors. Elles sommeillent dans les plis de mon enfance, comme une immanence reptilienne. Pour m'en sortir au-delà du quartier ou de la ville, il n'y a pas le choix : il faut monter.

Pour tout vous dire, je suis né dans une gouille[1] qui possède une histoire naturelle et légendaire bien plus vaste.

1. En Suisse, une gouille est une mare ou une flaque d'eau.

Alors qu'il se rendait en Italie, le géant mythologique celte Gargantua passant par là, chercha à s'hydrater. Le Rhône, trop étroit, ne lui suffisant pas, il creusa de ses mains. Les tas de déblais déposés sur la rive gauche formèrent le Salève – car en assistant à la scène, les villageois se seraient écriés « ça lève ». Le trou béant, lui, devint le lac Léman. Avant de quitter la région, dans un accès de colère, Gargantua ne manqua pas de lancer deux gros rochers en direction de la rade de Genève, donnant ainsi naissance aux pierres du Niton. Gage de stabilité, ces deux blocs erratiques déposés par le glacier du Rhône lors de la dernière glaciation, permirent l'établissement de la première carte topographique nationale au milieu du XIXe siècle. Aujourd'hui, ils sont le point d'origine du système géodésique national de référence de la Suisse et du Liechtenstein et… en creux, l'ancrage symbolique de mon exploration planétaire.

Bien plus tard, la lecture me permit de découvrir les conséquences mondiales et shakespeariennes de l'éruption du volcan indonésien Tambora en 1815, notamment dans ma région natale. Il se trouve qu'un groupe d'aristocrates anglais avait délaissé son île pour passer l'été 1816 précisément au bord du lac Léman en louant la villa Diodati et une maison au bord de l'eau, à Cologny, la banlieue chic de Genève. Ils furent les témoins directs des conséquences calamiteuses de ce jaillissement volcanique. Parmi eux, Lord Byron et Claire Clairmont, sa maîtresse et demi-sœur de la jeune Mary Godwin. Cette dernière, qui n'avait pas encore dix-neuf ans, était accompagnée de son futur époux, Percy

Bysshe Shelley. Ce petit noyau de gens de lettres voguera aussi sur le lac Léman et visitera Genève, Lausanne et le château de Chillon. Mais l'été, cette année-là, est particulièrement abominable. A cause de l'éruption du volcan Tambora, une pluie quasi ininterrompue les confine à l'intérieur. Un froid inhabituel gâche toutes leurs excursions. Ils sont au cœur des tourmentes qui s'abattent sur l'Europe. Dans l'est de la Suisse, la récolte est anéantie. Affamés, les paysans quittent leurs montagnes pour trouver de quoi manger dans les plaines.

Au cours de cet été 1816, Lord Byron et Percy Bysshe Shelley constatent les méfaits de la famine, consécutive à cette éruption. Inspirés par le ciel ténébreux et pour tuer l'ennui, ils inventent des histoires de fantômes et c'est ainsi que Lord Byron compose son fameux poème «Ténèbres» tandis que la future Mary Shelley écrit le début de *Frankenstein ou le Prométhée moderne*, un chef-d'œuvre de la littérature d'épouvante moderne. Leurs écrits constituent une réponse symbolique du monde littéraire européen à ce traumatisme tamboréen si peu rapporté dans la presse et par les politiques de l'époque – à tel point qu'il a fini par être oublié. Leur témoignage de première main sur cette situation tragique (qui démontre aussi combien la perception d'un paysage est relatif à une époque) a incidemment longtemps occulté le lien, peu connu, qui l'unit aux origines mêmes de la bicyclette en 1817, j' y reviendrai.

Si je vous évoque avant tout mes racines, c'est aussi parce qu'elles m'ont donné des ailes. A Genève, la confluence de l'Arve et du Rhône suggère une nature mouvante, l'interpénétration des destins, une pensée-paysage, une mémoire de l'eau vive. De sa source au glacier du Rhône, le fleuve au nom éponyme alimente le lac Léman, le plus grand réservoir d'eau douce d'Europe, puis se faufile à l'ouest dans le trou d'une aiguille, au lieu-dit du Fort de l'Ecluse pour rejoindre la grande bleue, et par-delà, suggère l'Afrique… Il existe donc bel et bien une ouverture, une direction à prendre, un horizon plus vaste.

Comme pour tous les enfants du quartier, mes premières explorations à deux roues furent modestes – j'allais chercher le pain au bout de la rue. Puis, comme un caillou qu'on lance dans l'eau et qui dessine des cercles concentriques, ce furent la vallée du Rhône, le tour de la Suisse, le franchissement des Alpes jusqu'à la mer, les pays limitrophes, le Maroc plein sud et Istanbul vers l'Orient. Les pays plus lointains exigeaient des visas, de l'argent, et surtout du temps. Ce temps infini qui bénit l'accidentel et le volcanique auxquels j'aspirais tant.

J'ai fait l'enivrante expérience de la sensualité du monde, il m'a suffisamment émoustillé et quelquefois apostrophé. Car les voyages à vélo, ce ne sont pas seulement les paysages que l'on traverse au rythme du cœur et des poumons, ce sont aussi ces odeurs de cuisine ou d'écorces qui brûlent, les senteurs des herbes sauvages, le goût prononcé des légumes de la terre ; ce sont les animaux d'ici ou d'ailleurs, du chien abandonné qui cherche refuge auprès de votre tente au goéland qui plane, majestueux, au ras des falaises, en passant par la luciole, le criquet, la biche ou le lièvre apeuré. Ce sont l'appel de l'air marin, les craquements de bois, les chants d'oiseaux, le soleil qui cogne sur le dos, les faims et les soifs de chaque instant, le vent qui burine la peau, la pluie ou le sable qui s'infiltre, le froid qui contracte. Le voyage à vélo façonne le voyageur, l'érode, le décape.

Si l'on en croit l'anthropologue Jean-Didier Urbain, spécialiste du tourisme, un voyage vers l'Est révélerait une quête des origines culturelles, vers le Sud une recherche de qualité d'expérience rétrospective mais régressive, vers l'Ouest une vision prospective. Le Nord resterait aujourd'hui un pôle vide, mais qui aurait sa place dans ce système d'espaces, en tant que désert. Nicolas Bouvier, pour sa part, y voyait une filiation : l'Asie comme grand-parent, l'Europe comme parent et l'Amérique comme enfant. D'Europe, à vélo, la continuité territoriale invite à l'Est et au Sud pour un « infini » qui peut durer quelques bonnes années. Elles ont été mes principales orientations, mais j'aime avant tout voyager dans des pays-frontières interlopes, de ceux qui n'existent pas, comme Kaliningrad ou la Transnistrie, aux confins des hauts plateaux andins ou tibétains ; sur les franges, peu aménagées, qui concentrent en elles le véritable cœur du monde, ses sources et ses tensions fatales. J'aime ce qui est vague, tremblant, incertain, qui vibre. Ce qui échappe aux définitions, ce qui nous résiste, nous déroute, nous désoriente. Le flou, l'entre-deux.

Le « tiers paysage », ces friches que l'atypique paysagiste, écrivain et jardinier Gilles Clément nomme le « fragment indécidé du jardin planétaire ». Ces territoires de contrebandiers où existe encore ce que l'on ne trouve plus ailleurs. Un monde non encore poli, englouti ou tondu, dont le territoire est un foisonnant passage. Je suis à la recherche d'une utopie géographique et émotionnelle, d'un champ imaginaire et magnétique. La route serait cette utopie, c'est-à-dire comme le suggère son étymologie une absence de lieu, un monde vierge et fluide, d'une ardente subversion et d'une quête éperdue et féerique, sans fin ni but. Ailleurs commence ici même, sur une sente de partout et de nulle part, qui se traverse, s'emprunte et s'esquisse, sillonnant la double nostalgie confondante du *Fernweh* (l'envie de voyager) et du *Heimweh* (le mal du pays). Cette route que personne n'habite, pas même le voyageur, ou seulement le temps d'un rêve. Comme de renversantes racines du ciel, voyager empêche la pensée de se figer. Pédaler permet de parcourir le temps d'un regard débordant. Bien sûr, on ne peut faire du vélo à un autre rythme que le sien, réinventer *sa* roue, laissant au franchissement de l'ultime frontière le soin de l'abolir.

Ainsi l'homme n'a de cesse de refaire le monde, de le projeter en cartes et le voyageur de les buriner, comme une vibrante retouche du globe. Tout comme les mots n'expriment pas tout ce qu'ils représentent, les cartes ne couvrent pas non plus tout le territoire. Utiles en voyage, même si au mieux elles mentent et au pire on les oublie, elles ouvrent l'imaginaire aux vagabonds et servent de matière première aux artistes. Le Suisse Jean-Pierre Vuillomenet, qui réalisa un tour du monde à vélo dans les années 1960, utilisait ses cartes pour les griffonner d'anecdotes. En 1989, les frères Holstein, voyageurs à vélo et amis, superposèrent simplement un aplat en forme de cône sur la carte de l'Inde, représentant, inversé, le triangle naturel formé par le sous-continent indien. Le sommet du K2 en marqua la pointe nord et les deux angles de la base touchaient la mer : à gauche, Guhagar, au bord de la mer d'Arabie, et à droite, Visakhapatnam, donnant sur l'océan Indien. Puis ils retracèrent cet itinéraire à bicyclette. Quant à Marc Jurt et Michel Butor, ils mêlèrent gravure, cartes et poésie avec bonheur pour créer une véritable « géographie parallèle ». Repliées dans des cartons, mes cartes sont toutes scotchées et crayonnées de lignes patientes et obstinées, silencieuses et coutumières, des lignes de sourcier. J'ai rôdaillé entre des courbes de niveau, sur des lignes de crêtes éployées. Tour à tour dévoyé, esquissant de mes roues des lignes d'erre, j'ai chanté des lignes, comme ces chemins de rêves animistes au temps du rêve des Aborigènes d'Australie, renforcé des lignes de désirs, apparues par le passage répété des piétons et des cyclistes, j'ai vaguement suivi les lignes de fuite ou d'horizon du peintre… Mes sillages revisitent les graphies des mythes de la mer Egée : Ulysse, Sisyphe, Prométhée… Et bien avant encore, l'épopée des Sumériens, trois mille ans avant Jésus-Christ, créateurs de la roue et de l'écriture, deux inventions capitales pour la transmission d'histoires, comme celle de Gilgamesh : « Gilgamesh est allé au bout de la Terre, il est descendu au fond de l'océan, il escalada les montagnes, à la recherche des secrets du monde. » Il plongea son regard dans les plus grands mystères de l'Univers. Il rapporta de son lointain voyage par-delà la mer un long poème épique, considéré de nos jours comme le texte le plus ancien de l'humanité.

En pédalant, je me sens pisteur sur les traces de mes ancêtres, entrant de plain-pied dans cette géographie enfouie et charnelle. Mon voyage au long cours prend les accents d'une véritable épopée, d'un poème sans fin, avec une présence divine, le recours au merveilleux, une forme d'héroïsme, l'amour, l'amitié, la lutte contre les éléments, l'évocation de la mort. Depuis des millénaires, la mythologie définit avec intuition et bon sens des lignes de conduite invisibles. La cartographie se mue alors en archéologie intime : ouvrir ces cartes, c'est délinéer les dérives de sa propre constellation. A l'image du volcan du Diable des îles Kerguelen, je ne suis qu'une petite montagne de la grande terre, mais je roule tel un volcan en éruption.

Frontière : membrane semi-perméable, résultante d'un rapport de forces, zone éruptive où se froisse l'implacable tectonique humaine dont les dernières frontières sont les seuils littoraux des continents. En avril 2001, muni d'un passeport suisse, j'ai franchi le détroit de Gibraltar – la frontière des frontières – sans ambages, en ferry, au terme d'un tour du monde à vélo de sept ans. Je reniflais

« mon » continent comme un chien. Devenu étranger sur ma propre terre, il fallait maintenant me repayser, retrouver mes racines, le statique et l'ordinaire (ce qui est rangé par ordre). Une épreuve du feu émotionnelle, destructrice et nourricière, car le foyer est à la fois la maison et l'emplacement dévolu aux flammes. Mais ce n'était rien comparé aux seuls vrais « aventuriers involontaires » : les *harragas*, ceux qui brûlent leurs papiers, les lois, grillent un visa pour espérer ne pas devoir retourner, en abandonnant tout derrière eux, montant à bord de *pateras*, des embarcations de fortune dotées d'un moteur à faible puissance, vers l'inconnu, au péril de leur vie…

Durant mon long périple autour du monde, alors que j'atteignais le Japon au cours de l'hiver 1996-97, la révolution numérique s'était installée globalement et les frontières avaient déjà changé de nature. Mais c'est en demandant la direction à prendre à des passants à Madrid en 2001, à la fin de mon voyage, que je me heurtai à mes premiers zombies claustrés en eux-mêmes, avec leur corps recroquevillé, leurs yeux rivés sur leur téléphone et les oreilles bouchées, parlant à voix haute à je ne sais qui – une manière d'être hors sol, désormais d'une banalité effarante. Je ressentis une terrible négation du présent, du lieu et de l'étranger que j'étais, voyageur reçu jusque-là avec une attention particulière dans d'innombrables demeures. J'avais connu la verve et la spontanéité qui suppléaient l'absence d'un langage commun. Mon voyage se terminait aux portes de l'Europe, signant d'un geste abrupt la fin de l'hospitalité et une perte de curiosité pour l'autre. La géolocalisation généralisée marquait-elle irrémédiablement la réduction et l'épuisement du monde ? Etait-ce la fin de la géographie, comme je le ressentais instinctivement et comme le pensait l'urbaniste Paul Virilio ? Il nous alertait déjà depuis plusieurs années contre cette compression du temps et de l'espace, cette vision numérique, ubiquitaire et panoptique, qui relève du divin. Il s'insurgeait contre « l'optiquement correct » produit par Google (lunette !) ou autre, qui induisait dangereusement « un véritable trouble de la perception ». « La sédentarité et le nomadisme ont changé de nature. (...) Le sédentaire, c'est celui qui est partout chez lui, avec le portable, l'ordinateur, aussi bien dans l'ascenseur, dans l'avion que dans le train à grande vitesse. C'est lui le sédentaire. Par contre le nomade, c'est celui qui n'est nulle part chez lui. »

Six semaines plus tard, je parvins à la douane franco-suisse de La Cure. Attiré par ma dégaine de sauvage et mes sacoches élimées, puis épluchant mes nombreux visas, le sympathique douanier tarda gentiment à me laisser « rentrer chez moi ». Je découvris l'Arbézie, une micronation autoproclamée depuis 1958, composée uniquement d'un hôtel-restaurant à cheval sur deux pays. Le pompiste, qui d'abord n'en crut pas ses yeux, m'offrit un verre de bienvenue, en Suisse où il habitait ; il possédait deux passeports. C'est alors qu'il se produisit quelque chose de tout à fait insolite : un immigré italien inclina son vélo de course contre un mur de l'établissement, visiblement intrigué par mon vélo et ses lourdes sacoches patinées. Il s'assit, commanda un plat du jour et me demanda d'où je venais. Puis il s'exclama rudement : « Je travaille, moi ! Il faut de l'argent ! » Il avait trimé toute sa vie comme maçon, ce qui ne l'empêchait pas de rouler encore cent kilomètres après le boulot ! Son corps sec parlait pour lui. Tout ce qu'il avait gagné dans sa vie, il l'avait obtenu à la sueur de son front, et je sentais brûler en lui une forme de rage, peut-être d'envie, pas tant vis-à-vis de moi que vis-à-vis de ce que j'incarnais : une réalisation à jamais inaccessible. Je lisais dans ses pensées : « La Terre sur deux roues pendant sept ans… et sans travailler… » J'avais quarante-et-un ans et que très peu bossé, encore moins avec mes mains. Personne ne m'avait cependant offert de viatique. Durant toute ma vie, je n'avais jamais manqué de rien. J'étais né sur la bonne plaque tectonique, en Suisse, dans les années fastes, et avais fait librement le choix de partir, par passion pour le vélo – passion qu'il partageait.

Le restaurant franco-suisse détenait également son histoire et avait de quoi me réconcilier non seulement avec ce sentiment d'injustice qui touchait mon acolyte transalpin, mais aussi avec ma *sehnsucht*, ma nostalgie enfiévrée des lointains, qui promettaient tour à tour de m'assaillir. L'extraordinaire se loge parfois dans la proximité, m'efforçai-je d'apprendre : ainsi peut-on dormir la tête en France et les pieds chez les Helvètes. Au fond, ce qui perdure, ce sont les histoires elles-mêmes, car les hommes, eux, ne sont pas inoubliables. Je renaissais dans l'Outre-Suisse, dans cette réalité qui dépassait une fois de plus la fiction, écoutez donc : entre 1862 et 1863, un certain Ponthus, tirant habilement parti d'un flou juridique, construisit son établissement dans ce confetti de terre jurassien. Après sa mort en 1895, ses fils le transformèrent en hôtel, qui sera repris en 1921 par Jules-Joseph Arbez et rebaptisé Hôtel Franco-Suisse. D'abord stimulé par l'essor des sports d'hiver, la Seconde Guerre mondiale vint changer la donne. La ligne de démarcation entre la zone occupée par les Allemands et la zone libre passait alors juste devant l'hôtel. Dès 1940, Max Arbez, le fils de Jules-Joseph, profita de la situation et de l'agencement exceptionnels du Franco-Suisse pour faire passer des juifs, des fugitifs ou encore des pilotes anglais. L'hôtel devint un haut lieu de la Résistance. La tenancière de l'époque défendit bec et ongles la huitième marche de l'établissement, exactement là où passe la réelle frontière suisse, contre les soldats allemands, car celle-ci donnait l'accès à l'étage supérieur où se cachaient des réfugiés clandestins… Max Arbez et son épouse Angèle facilitèrent ainsi le passage de plusieurs centaines d'hommes et de femmes, et furent par la suite félicités et remerciés en personne par le général de Gaulle pour leurs actes de bravoure et de résistance. Bien plus tard, le 9 décembre 1961, l'hôtel accueillit des négociations préliminaires entre des représentants de la France et du Front de libération national algérien. Les diplomates français étaient venus de France, les représentants algériens de Suisse…

Une situation volcanique, telle une guerre, oblige à réagir et à prendre position. Elle révèle la cruauté mais aussi des solidarités. Enfant d'un pays prospère et en paix, je me suis souvent demandé de quel courage exemplaire sont faites ces femmes – telle la tenancière de l'Hôtel Franco-Suisse – ou ces hommes qui, de tout temps, aujourd'hui encore, mettent leur vie en péril au nom de la justice, prêts à la sacrifier pour en sauver d'autres.

Ainsi, durant la Seconde Guerre mondiale, dans le domaine du cyclisme de compétition, quelques grands coureurs ont profité de leur gloire pour dissimuler leur engagement de passe-frontières au service de la Résistance. Des hommes, des vrais, avant que d'être des champions. Je songe au campionissimo Gino Bartali que sa notoriété rendait intouchable. Dès 1943, il intégra un réseau clandestin et couvrit des étapes de quatre cent cinquante kilomètres aller-retour, cachant dans son guidon et son tube de selle des faux papiers, des photos et quelquefois de l'argent. Un jour, des policiers l'arrêtèrent, il dut alors redoubler de ruse et emprunter d'autres chemins. La milice fasciste le reconnaissait, le saluait et le félicitait, convaincue, comme sa femme, qu'il s'entraînait – un alibi en béton. Toutefois, à la fin de l'année 1943, il fut arrêté et jeté en prison pendant quarante-cinq jours, officiellement pour avoir cherché à trouver refuge au Vatican. Il échappa de justesse à un tribunal spécial de guerre. Quelque huit cents juifs, dont certains ont trouvé refuge à l'époque entre Genève et Lausanne, lui sont redevables. Son humilité le poussera à ne jamais révéler ces hauts faits d'armes, pas même à son fils…

Un autre grand coureur de nationalité allemande a payé de sa vie son refus de cautionner le Troisième Reich et son amitié avec Ernst Berliner, son entraîneur juif. Sur une photo des mondiaux sur piste de 1934, on remarque tout le monde la main levée, effectuant le salut hitlérien. Tous, sauf le vainqueur Albert Richter. Quelques mois plus tard, il récidive et refuse de porter la croix gammée sur le maillot de l'équipe allemande en enfilant celui avec l'ancien aigle impérial. En 1937, il se laisse prendre en photo avec Germain Ibron, un coureur africain. Autant de provocations, presque suicidaires, envers le régime nazi qui rêvait de faire du très populaire Albert Richter l'un de ses ambassadeurs. Se sentant de plus en plus menacé, au matin du 31 décembre 1939, armé d'un coffre, de son vélo de piste et d'une paire de skis, Albert Richter monte à bord d'un train en direction de la Suisse. Dans ses pneus est cachée la coquette somme de 12700 Reichsmarks qui appartiennent à un marchand de textile juif polonais. Le trafic de devises planquées dans le cadre du vélo étant alors pratique courante chez les cyclistes, Albert Richter a droit à la fouille et ses pneus sont découpés. A 18h30, il est jeté dans la cellule n° 29 de la prison de Lörrach, près de Bâle. Deux jours plus tard, le 2 janvier 1940, le régime nazi se fend d'un communiqué laconique annonçant son « décès »…

Bien plus tard, un autre héros allemand, Dieter Wiedemann, fit défection. Né en 1941 en RDA (République démocratique allemande, appelée aussi « Allemagne de l'Est »), il est devenu rapidement un cycliste des plus prometteurs mais n'acceptait pas cette hypocrisie du sport soumis à la politique. Le 2 juillet 1964, au cours d'une partie de cache-cache avec la Stasi, il parvint à passer à l'Ouest : la plus belle échappée de sa carrière. Il se maria et fonda une famille avec Sylvia Hermann, la femme qui l'avait aidé à passer. Et en 1967, il fut le premier cycliste de RDA à participer au Tour de France.

Le vrai courage réclame un sacrifice. Et si voyager c'est parfois réellement insuffler de la tendresse et éclairer le monde d'une autre lumière en colportant des histoires, les éventuels risques pris n'équivalent en rien à la force d'âme requise par ces champions d'humanité, à leur engagement sans faille au cœur même de la tempête. J'ai toujours eu une admiration envers ceux et celles qui, avec de petits moyens, opposent une résistance acharnée contre une force brutale bien plus puissante qu'eux. La véritable performance (qui étymologiquement signifie « réaliser », « accomplir ») n'est pas le record de vitesse, mais la hauteur de vue. Les vrais héros, s'il devait y en avoir, ce sont eux, aussi vulnérables que leur humble bicyclette. Car pour le voyageur à vélo, le franchissement des frontières n'est en aucun cas une affaire de vie ou de mort. Tout au plus réclame-t-il quelquefois un peu d'audace face au basculement vers l'inconnu, semblable en cela au point d'inflexion que représente un col.

Au début de mon voyage qui allait durer sept ans, j'allais connaître un premier amour en Ukraine, un pays pour lequel je n'avais qu'un visa de deux semaines. M'étant quelque peu attardé auprès de ma chère Viktoria, j'avais outrepassé le délai autorisé et pouvais lire sur le visage de sa mère une peur non dissimulée des conséquences que ce retard impliquait. La sœur de Viktoria, qui ne manquait pas de courage, s'empara d'une lame de rasoir et gratta la date d'expiration du visa, le prolongeant ainsi d'un mois à l'aide d'un simple stylo – ce qui me permit d'assurer une sortie à temps de leur territoire national. A croire que, dans l'urgence, on devient créatif! Les meilleures solutions, simples et bon marché, se trouvent souvent à portée de main, encore faut-il oser. D'ailleurs, oser est peut-être la grande affaire de tout voyage. J'ai utilisé plusieurs fois, par la suite, la « technique » de cette courageuse Ukrainienne, ce qui m'a valu pas mal de sueurs froides mais m'a aussi donné le moyen concret d'avancer en toute liberté.

Au début des années 1990, profitant d'un flou juridique, j'héritai du statut de citoyen soviétique qui me permit de passer de nombreuses frontières à l'intérieur de cet immense territoire qu'était encore l'ex-URSS. Comme tous les cyclistes traversant le Tibet, je préférais franchir les postes de contrôle durant la nuit, d'autant que je transportais, cachée dans le cadre de mon vélo, une coquette somme d'argent nécessaire à mon voyage. C'était avant l'ère digitale, du scan, du passeport biométrique et des caméras de surveillance… Puis, en 2011, soit quatre ans avant la

« crise des migrants », je m'en allai carrément effectuer un audit officieux de la frontière orientale de l'Europe pendant six mois, la franchissant volontairement vingt-six fois dans les deux sens dans le seul but d'observer cette nouvelle ligne abstraite dessinée sur la carte et d'en saisir les impacts réels sur les habitants se trouvant de part et d'autre[2]. Jamais fouillé par les douaniers, j'ai pu constater que, comme la bicyclette, le passeport à la croix blanche semble encore incarner la paix et jouir d'une confiance inébranlable.

Ainsi, la géopolitique découpe-t-elle le monde, tout comme elle épouse les crêtes du Jura. Le voyage à vélo est certes une bienheureuse dérive, qui révèle aussi bien la bonté des hommes, leur courage et leur dignité que leur emportement au millimètre près. J'ai aimé et aime toujours l'Arbézie, ce refuge au milieu de la disruptive sismique humaine ; elle a le triomphe modeste de la liberté, celui-là même du voyageur. Ce jour-là, en Arbézie, la boucle était bouclée. J'étais rentré.

2. J'y consacrerai un livre, *L'homme-frontière*, paru en 2013 aux éditions Slatkine.

Eloge de l'invisible

Il y a un autre monde mais il est dans celui-ci.
Paul Eluard

Mon pneu effleure l'écorce du monde comme le stylo griffonne le papier. Par monts et par mots, je m'échappe, je m'enfuis, je m'envole. Voyager ou écrire, c'est se créer un levier de connaissance, s'inventer une forme de méditation et une nouvelle généalogie… Et quand je ne pédale pas, c'est comme si je restais en selle : j'écris sur le vélo et me crée ma propre constellation, constituée de tous ces personnages oniriques, pourtant bien réels, qui usent du vélo dans tous ses états. A la fois microcosme et façon de voir le monde, ma passion brûle de cet appel d'air qui m'a conduit aux quatre coins du globe. Une intensification de la vie, sans doute pour pallier mon intranquillité, ma si humaine fragilité.

Souvent, en pédalant, je pense à la naissance du vélo, fruit du volcan Tambora. Vous connaissez l'histoire ? Le 10 avril 1815, sur l'île de Sumbawa en Indonésie, le volcan Tambora est entré en éruption avec une puissance estimée à huit fois celle du Vésuve, soit l'équivalent de plus de dix mille explosions nucléaires d'Hiroshima et de Nagasaki réunies. L'éruption cataclysmique de ce supervolcan, qui a duré six jours, a dégradé le climat à un niveau quasi mondial, entraînant des pluies anormalement abondantes en Europe. Pendant trois ans, ses répercussions ont été si catastrophiques que, du Yunnan, en Chine, à l'Irlande, des millions de paysans se sont retrouvés en situation de disette. Nombreux furent ceux qui prirent la route de l'exode, les plus pauvres vendant leurs enfants pour tenter de survivre. Le prix de l'avoine grimpa en flèche, les moulins des boulangeries furent pillés, et des émeutes éclatèrent un peu partout contre les négociants en grains. En Europe, le prix du pain devint si exorbitant qu'on inventa le pain de pomme de terre. Au Royaume-Uni, le gouvernement fit construire des canaux pour acheminer la nourriture à Londres. En Suisse, en France et dans le sud de l'Allemagne, la situation ne cessa de se dégrader : la malnutrition et les famines entraînèrent des épidémies et causèrent des centaines de milliers de morts. Le climat calamiteux affecta la santé des populations dans une grande partie du monde pendant plusieurs décennies.

Les récoltes, notamment d'avoine, furent si désastreuses qu'elles causèrent des pertes sans précédent en bétail et la disparition d'une quantité considérable de chevaux. Tout au début, la question se posa de choisir d'assurer l'alimentation des équidés, moyen de transport réservé aux seuls riches, au détriment de celle du peuple. Mais bien vite, il fallut répondre aux révoltes et aux maladies et… trouver une alternative au cheval qui se mourait. C'est dans ce contexte de profond désespoir qu'en 1817 le jeune baron allemand Karl Drais inventa le premier véhicule de transport individuel n'exigeant aucun fourrage : la *Laufmaschine* (machine à courir), l'ancêtre du vélo. Dès 1813, il avait imaginé une voiture à pédales pouvant atteindre la vitesse de 6,4 kilomètres heure. Un homme dirigeait le véhicule à l'avant tandis que deux autres pédalaient à l'arrière. Puis il perfectionna son modèle et proposa deux ans après la matrice du vélo permettant à un homme de tenir sur deux roues placées l'une derrière l'autre. Le premier véhicule individuel autopropulsé qui allait supplanter le cheval était né.

Ce n'est que très tardivement, en 1995, que l'historien allemand des techniques, le professeur Hans-Erhard Lessing, est parvenu le premier à mettre en évidence ce lien de causalité ignoré jusque-là entre l'éruption du Tambora, la famine mondiale qui s'en suivit et la création de la draisienne. Il a su rendre enfin justice à son inventeur badois, Karl Friedrich Christian Ludwig, baron Drais von Sauerbronn, dit Karl Drais (1785-1851). Hans-Erhard Lessing a également dressé un parallèle d'une formidable modernité avec la crise du pétrole des années 1970, dont seuls quelques pays nord-européens ont su saisir la magnitude et ont favorisé la pratique du vélo. C'est ainsi que, dès ses débuts, la bicyclette fut un instrument de nature révolutionnaire, un véhicule destiné à voyager et à faire voyager dans le monde entier…

Visionnaire, le baron Drais fut le précurseur du transport individuel mécanisé et auto-propulsé, l'unique et véritable « automobilité ». L'invention de sa *Laufmaschine* entraîna celles du vélo, de la moto, de la voiture et de l'avion. Aucune autre, pas même celle du moteur à explosion, ne fut aussi importante que l'invention du vélo pour le développement de l'automobile. Et aujourd'hui encore, la bicyclette possède une efficience énergétique inégalée parmi tous nos moyens de transport.

L'éruption du Tambora fut sans doute la chute du ciel tant redoutée par les hommes depuis la nuit des temps. Considérez un instant ses dimensions : avant son éruption, le supervolcan mesurait plus de 4 200 mètres d'altitude. C'était l'un des plus hauts volcans d'Indonésie. Sa chambre magmatique se situait à quelque mille mètres au-dessous du niveau de la mer. Aujourd'hui, il est toujours actif et mesure encore 2 857 mètres. Lorsqu'il se réveilla en 1815 après des siècles de sommeil, il modifia durablement le climat. L'Indonésie fut recouverte de cendres à cinq cents kilomètres à la ronde, ce qui empêcha toute vie humaine pendant des décennies. Les rescapés moururent de faim et indirectement cent mille Indonésiens perdirent la vie. L'écosystème sous-marin fut également fortement perturbé par la pollution. De nombreux poissons périrent. La gueule du supervolcan cracha cinquante kilomètres cubes de roches et de cendres volcaniques. Son panache s'éleva à quarante-trois kilomètres d'altitude. La terre trembla. La cheminée s'effondra, entraînant des coulées pyroclastiques d'une température de quatre cents à cinq cents degrés qui atteignirent une vitesse de trente kilomètres heure ! Aujourd'hui, on trouve encore des traces de l'explosion dans les glaces du Groenland et de l'Antarctique…

Cette éruption du Tambora est véritablement l'évènement du millénaire. Méconnue, elle a plongé durablement le monde entier dans une crise aigüe et a profondément influencé l'histoire planétaire. Les matières volcaniques sont restées en suspension aux niveaux les plus élevés de l'atmosphère. Ces aérosols de sulfate ont ainsi réduit les radiations venant du soleil, refroidissant le sol et réchauffant la stratosphère. Le supervolcan a entraîné la mort de millions d'humains, et même de dizaines de millions si l'on considère l'épidémie mondiale de choléra que son brutal réveil a sans doute favorisée – l'écologie perturbée du delta du Gange a contribué à une mutation génétique de la bactérie du choléra.

Les famines, émeutes et maladies qu'il a engendrées ont conduit la société à évoluer. La peur du choléra a poussé les pouvoirs publics à construire des égouts dans les grandes villes. Cette bactérie n'était donc plus une punition divine, mais une invitation progressiste aux réformes sociales destinées à créer des conditions de vie hygiéniques pour les nouvelles masses urbaines. Si bien qu'aujourd'hui, une métropole ne peut plus se passer de canalisations. En Europe, l'éruption a ouvert, parfois très lentement, des réformes politiques majeures. On ne pouvait tout simplement plus ignorer les pauvres et leurs revendications. Les causes des maladies qui menaçaient tout le monde sans distinction ont, dès lors, été recherchées par la science. Tel Shiva, le Tambora a détruit et ensemencé. Il a changé la face du monde.

Aujourd'hui, la gueule ouverte du volcan qui n'a jamais cessé de fumer est couverte de végétation jusqu'aux lèvres. On sait avec certitude qu'il se réveillera un jour, tout comme d'autres pourraient le faire avant lui. Depuis la trahison de Prométhée, l'homme s'entête à décharner la Terre, à exploiter frénétiquement ses ressources, à détruire le sacré au point d'oublier qu'il n'a toujours été qu'un être en sursis. Le géographe et anarchiste Elisée Reclus relevait déjà un demi-siècle après l'éruption du Tambora que « les développements de l'humanité se lient de la manière la plus intime avec la nature environnante. Une harmonie secrète s'établit entre la terre et les peuples qu'elle nourrit, et quand les sociétés imprudentes se permettent de porter la main sur ce qui fait la beauté de leur domaine, elles finissent toujours par se repentir ».

On sait désormais précisément que la Terre est un organisme qui suffoque et que la température à sa surface détermine la fécondité de la nature. Se sentir menacé d'extinction par le changement climatique ne semble cependant pas être un garde-fou suffisant pour nous autres, humains, pas plus que ne l'est la croyance en une force supérieure ou un dieu punitif. Et ce, même si le climat du troisième millénaire pourrait ressembler de plus en plus à une période à la Frankenstein, avec des vagues de chaleur, des sécheresses, des tempêtes et des inondations qui bouleversent déjà, à une dimension shakespearienne, les conditions de vie, mais aussi le monde des idées et la technologie. A l'époque, nous rappelle Gillen D'Arcy Wood, « on ne pouvait pas se fier au témoignage des sens ou au sens commun. La Terre était bel et bien capable d'une transformation radicale et totale, un fait qui nécessitait un grand effort d'imagination pour être accepté ». Aujourd'hui, Dzongsar Jamyang Khyentse va plus loin en déclarant : « Cette planète Terre sur laquelle vous êtes assis pour lire ce livre deviendra un jour une planète sans vie, comme Mars, à moins qu'un météore ne la fasse exploser avant ou que les fumées d'un mégavolcan n'obscurcissent la lumière solaire et n'y effacent toute trace de vie. » S'il devait survenir, aucune solution technique ne parviendrait à freiner un tel événement.

Le 12 juin 1817, dans les jardins du château de Mannheim, en Allemagne, l'un des plus grands de style baroque jamais construits, le baron Drais teste pour la première fois sa *Laufmaschine* sur une route pavée, considérée alors comme la meilleure de l'ex-duché. Environ deux cents ans plus tard, sous la fine couche de neige qui recouvre cette même route, des étudiants se rendent à pied dans la demeure du duc reconvertie en université. Juché sur un Vélib' avec ma compagne, je suis les traces du grand inventeur. De la maison du père de Karl, il ne reste que l'emplacement, aux côtés de la demeure de Mozart qui y vécut quelques années. En décembre, il y a deux siècles, les rues de la ville sentaient le crottin de cheval et étaient interdites aux « chevaucheurs » de draisiennes. En 1818, Karl Drais fonda une société par actions pour commercialiser son véhicule qui pesait une vingtaine de kilos et assurait déjà à son utilisateur une vitesse de quinze kilomètres heure. Mais les railleries et les caricatures dans la presse, ajoutées aux opposants politiques au grand démocrate qu'était Karl Drais, firent capoter son affaire. Il fallut attendre 1896 pour qu'une fabrique de bicyclettes vît le jour et fût baptisée en sa mémoire la Drais Fahrradwerke GmbH.

Nous parvenons sous une neige battante au relais de poste de Schwetzingen. Celui-ci permettait, à l'époque du baron Drais, de ravitailler les chevaux des carrosses. Un mémorial sous forme de sculpture, esseulé au milieu du trafic, marque ce lieu où notre fameux créateur tourna son guidon et revint sur ses pas – le premier trajet historique à draisienne, d'une longueur totale de 14,4 kilomètres. Pour éviter aux touristes d'emprunter le même chemin au retour, la ville a conçu une boucle qui fait traverser un paysage noyé de brouillard, gribouillé de lignes à haute tension et de bretelles autoroutières que Drais n'aurait jamais pu imaginer, tout comme il nous est difficile de nous figurer un monde privé de voitures, de trains et d'avions.

Nous passons devant la Sap Arena où eurent lieu les championnats allemands de patins à glace en 2010. Au début du XIXe siècle, l'Europe traversa un mini âge glaciaire et les patins remplacèrent le cheval pour assurer les déplacements. Le baron Drais, dans son opuscule présentant les détails techniques de sa *Laufmaschine*, affirme avoir été inspiré par cette pratique pour imaginer le balancement d'un pied à l'autre. Son invention allait transformer la mobilité planétaire et mon existence. Le vélo m'a transmis son absolue ambivalence : l'ici et l'ailleurs, le partout et le nulle part, l'équilibre et le déséquilibre, l'assise et le mouvement.

A l'aube du seul vrai voyage, que reste-t-il de nos traces ? D'une œuvre de photographe ? Une cinquantaine d'images peut-être, ce qui représente moins d'une seconde en temps réel. Du travail d'un écrivain ? Sans doute parmi des milliers de pages, une seule phrase dont on se souviendra, et encore. Du baron Drais, deux siècles plus tard, il nous reste le vélo, ce véhicule d'une étonnante modernité qui renaît de ses cendres comme le phénix[1], l'oiseau de feu mythologique qui vit cinq cents ans.

A l'échelle de nos courtes vies sinueuses et dans notre quête d'une bonne température intérieure, nous vivons tous

1. Le phénix se régénère tout seul : quand il sent sa fin venir, il construit un nid de branches aromatiques et d'encens, y met le feu, bat des ailes pour attiser les flammes et se consume dans les flammes. Et un oisillon renaît de ses cendres.

des séismes d'une magnitude tamboréenne. Nous y faisons face sans préparation, comme un modeste souffle-feu tapi dans l'ombre d'un inextinguible volcan. L'extrême variété des évènements qui nous affectent ne doit cependant pas nous inciter à épouser leur mobilité. Nous tentons de préserver un penchant naturel vers notre paix intérieure, ce lieu avant tous les autres, cette fixité calme sans laquelle nous ne serions rien face aux tempêtes, face à l'incertitude fondamentale du futur et à notre inéluctable finitude.

Soudé aux pédales, j'habite le temps passionnément, vit une forme d'aventure esthétique, me hasarde vainement à échapper à ma condition humaine et à me forger une destinée. A l'écoute de l'infinitésimal, j'ai épousé les formes des volcans pour éprouver pleinement les battements de mon cœur. La nature, du latin *nascer* (naître), met en contact avec la source, elle surgit toujours devant nous, se renouvelle sans cesse. En écrivant « Celui qui se perd dans sa passion perd moins que celui qui perd sa passion », Saint-Augustin reconnaît l'intensité de la vie dont on garde le regret lorsqu'on ne l'éprouve plus.

Seul à bord de mon vélo, tel un objet hétérotopique[2], je tente la pente, éprouve l'humilité et exerce l'improvisation comme un dernier rempart contre le vacarme, un ultime refuge erratique et sensuel qui me donne sans cesse du grain à moudre. J'explore le registre de l'incertitude

2. Hétérotopie : lieu physique de l'utopie, d'après Michel Foucault dans sa conférence « Des espaces autres », en 1967.

fondamentale et de l'avènement, son étrange légèreté, cette entrouverture qui empêche toute conclusion définitive. L'absence de souffle vital et de feu sacré lui serait fatale, tout comme le brasier qui emporterait tout. Sans eau douce et sans nourriture, sans oxygène et la force tellurique de l'amour et des mythes, l'homme ne survit pas. Cependant qu'il n'abdique pas, il grave son sillon, sème, transmet.

De mes voyages à vélo subsisteront, qui sait, quelques bribes inspirantes. Entre guidon et clavier, je veux croire avoir gagné en mansuétude ce que j'ai perdu en illusions. Ecrire avant de perdre le langage. Je n'ai pas attendu le vélo, il est venu tout seul. J'ai saisi les poignées de son guidon comme un sourcier sa fourche, laquelle s'abaisse et déjà déplace les lignes immaîtrisables. De la giration de mes cercles vertueux émane une mélopée, si peu, mais les mots relient et attachent les êtres. Ils sont véritablement le temps, car ils entrent en résonance avec l'instant. Tout comme notre volcan intérieur, leurs traces sont imprévisibles.

TABLE DES MATIÈRES

ŒUVRES ÉVOQUÉES

p. 7 : *La compagnie des femmes*, Yves Simon, Stock, 2011.
p. 8 : *Manières d'être vivant*, Baptiste Morizot, Actes Sud, 2020.
p. 16 : *Equipée*, Victor Segalen, Gallimard, 1983.
p. 17 : *Hyperion oder Der Eremit in Griechenland*, Friedrich Hölderlin, 1797 (Ire partie) et 1799 (IIe partie). Traduction française Philippe Jaccottet : *Hypérion ou l'ermite de Grèce*, Gallimard, 1973.
p. 26 : *La lenteur*, Milan Kundera, Gallimard, 1995.
pp. 33 et 113 : *L'envol d'Icare,* suivi de *Traité des chutes*, Jacques Lacarrière, Seghers, 1993.
p. 33 : *The Human Brain in Space: Euphoria and the «Overview Effect» Experienced by Astronauts*, Ian O'Neill, *Universe Today* (22 mai 2008).
p. 34 : *The Songlines*, Bruce Chatwin, Franklin Press, 1987. Traduction française : *Le chant des pistes*, Grasset, 1988.
p. 45 : *L'inquisiteur*, Henri Gougaud, Seuil, 1995.
p. 55 : *Le rêve de d'Alembert,* Denis Diderot, 1769.
p. 55 : « Nous sommes tous une seule et même vie », Emanuele Coccia, article paru dans *Le Monde* (7 août 2020).
p. 56 : *La siliconisation du monde. L'irrésistible expansion du libéralisme numérique*, Eric Sadin, L'Echappée, 2016.
p. 56 : *The Wisdom of Insecurity*, Alan Watts, Pantheon Books, 1951. Traduction française : *Bienheureuse insécurité. Une réponse à l'angoisse de notre temps*, Stock/Monde ouvert, 1977.
p. 57 : *Les révolutions de Jacques Koskas*, Olivier Guez, Belfond, 2014.
p. 63 : *Le rêve dans le pavillon rouge,* Cao Xueqin, Gallimard, 1981.
p. 65 : *Journal d'un tueur sentimental,* Luis Sepúlveda, Métailié, 1998.
p. 66 : *Le neveu d'Amérique*, Luis Sepúlveda, Seuil, 1998.
p. 67 : *Une histoire érotique du voyage*, Jean-Didier Urbain, Payot & Rivages, 2017.

p. 68 : *Claude Marthaler, embrasser la terre*, Alexandre Lachavanne, production RTS (72', 2015).
p. 68 : *Terra erotica*, Luc Bureau, Fides, 2009.
p. 71 : *L'ouverture du chemin*, Isha Schwaller de Lubicz, Caractères, 1957. Réédition Aryana, 1960.
p. 74 : *La cordillère des songes* (*La Cordillera de los sueños*), Patricio Guzmán Lozanes, (84', 2019). Œil d'or du meilleur film documentaire, ex aequo prix du meilleur documentaire, Festival de Cannes 2019.
p. 81 : *Lands of Lost Borders: A Journey on the Silk Road*, Kate Harris, Harper Collins Publishers, 2018. Traduction française : *Sur les terres des frontières perdues. Notre route de la soie*, Arthaud, 2019.
p. 83 : *Shambala. La voie sacrée du guerrier*, Chögyam Trungpa, Points, 2014.
p. 86 : *Comme je vois le monde*, Einstein, 1934.
p. 89 : *Le petit livre vert-de-gris*, Narcisse René Praz, Librairie Adversaire, 1973.
p. 90 : *L'archipel du Goulag*, Alexandre Soljenitsyne, 1973.
p. 90 : *Dienstbüchlein*, Max Frisch, Suhrkamp Verlag, 1974. Traduction française : *Livret de service*, Héros-Limite, 2013.
p. 91 : *L'exécution du traître à la patrie Ernst S. (Die Erschiessung des Landesverräters Ernst S.*), Richard Dindo, (100', 1975).
p. 95 : *Les copains*, Jules Romains, 1913.
pp. 100 et 133 : *Mes rayons de soleil*, Louis Nucéra, Grasset, 1987.
p. 104 : *Le rivage des Syrtes*, Julien Gracq, José Corti, 1951.
p. 105 : *L'aventure, l'ennui, le sérieux*, Vladimir Jankélévitch, Aubier-Montaigne, 1976.
p. 110 : *Nos accidents ont-ils un sens ?*, Emmanuel Ratouis, Tupilak-Les Méandres, 2013.
p. 110 : *Les fleurs du mal*, Charles Baudelaire, 1857.
p. 115 : *La saveur du réel, Poèmes en prose*, Pierre Reverdy, Imprimerie Birault, 1915.

p. 124 : *Les contemplations,* Victor Hugo, 1856.
p. 126 : *Pourquoi j'aurais dû mourir en montagne ?,* Emmanuel Ratouis, Tupilak-Les Méandres, 2007.
p. 128 : *The Black Swan: The Impact of the Highly Improbable*, Nassim Nicholas Taleb, Random House, 2007. Traduction française : *Le cygne noir. La puissance de l'imprévisible*, Les Belles Lettres, 2012.
p. 129 : *Le souffle des ancêtres*, poème extrait du recueil *Leurres et lueurs*, Birago Diop, Présence africaine, 1960.
p. 131 : *Auguries of Innocence*, William Blake, 1803. Traduction française : *Augures d'innocence*, *Œuvres II*, Aubier-Flammarion, 1977.
p. 138 : *Thomas et le voyageur*, Gilles Clément, Albin Michel, 1997.
p. 139 : *Amistad : Seul... 28 pays, 32 mois, 45 000 kilomètres*, Jean-Pierre Vuillomenet, André Eiselé, 1972.
p. 139 : *Géographie parallèle*, Marc Jurt et Michel Butor, Fondation Marc Jurt, 2009.
p. 139 : *Terre natale. Ailleurs commence ici,* Paul Virilio, Raymond Depardon, Diller Scofidio + Renfro, Mark Hansen, Laura Kurgan, Ben Rubin, coédition Actes Sud/Fondation Cartier pour l'art contemporain, 2009.
p. 140 : *L'épopée de Gilgamesh*, racontée par Pierre-Marie Beaude, Gallimard Jeunesse, 2009.
p. 153 : *Automobilität. Karl Drais und die unglaublichen Anfänge,* Hans-Erhard Lessing, Maxime, 2003.
p. 156 : *Du sentiment de la nature dans les sociétés modernes*, Elisée Reclus, *Revue des deux mondes* n° 63 (15 mai 1866).
p. 157 : *Tambora, The Eruption That Changed the World*, Gillen D'Arcy Wood, Princeton University Press, 2014. Traduction française : *L'année sans été. Tambora, 1816, le volcan qui a changé le cours de l'histoire*, La Découverte, 2016.
p. 157 : *N'est pas bouddhiste qui veut*, Dzongsar Jamyang Khyentse, Nil, 2018.

Gino le Juste. Bartali, une autre histoire de l'Italie, Jean-Paul Vespini, Le Pas d'oiseau, 2014.

Der vergessene Weltmeister. Das rätselhafte Schicksal des Radrennfahrers Albert Richter, Renate Franz, Cavadonga, 2007.

The Race Against Stasi. The Incredible Story of Dieter Wiedemann, the Iron Curtain and the Greatest Cycling Race on Earth, Herbie Sykes, Aurum Press, 2014.

Sapiens, une brève histoire de l'humanité, Yuval Noah Harari, Albin Michel, 2015.

Karl Drais und das Zweiradprinzip, Hanz-Erhard Lessing, in Technoseum (Hrsg.): *2 Räder – 200 Jahre. Freiherr von Drais und die Geschichte des Fahrrades,* Theiss, Darmstadt, 2016.

Die Erschiessung des Landesverräters Ernst S., Nicolas Meienberg, Limmat Verlag, 1977. In *Reportages en Suisse*, Zoé, 1976, pour la traduction française. Rééditions en 1992 et 1998, sous le titre de *L'exécution du traître à la patrie Ernst S.*, traduit par Luc Weibel avec postface de Nicolas Meienberg écrite en 1992, traduite par Ursula Gaillard.

Resonanz. Eine Soziologie der Weltbeziehung, Hartmut Rosa, Suhrkamp Verlag, 2016. Pour la traduction française : *Résonance. Une sociologie de la relation au monde*, La Découverte, 2018.

Sketches Of Vesuvius: With Short Accounts Of Its Principal Eruptions, From The Commencement Of The Christian Era To The Present Time…, John Auldjo, 1832.

Le voyage, Wang Yipei, Olivier Bleys, Desclée de Brouwer, 2002.

The… Trace of Form, auto-édité, Andreas et Thomas Holstein, 1990.

Voyage voyages, catalogue officiel de l'exposition au Mucem, Hazan, 2020.

Walden ou La vie dans les bois, Henry David Thoreau, Gallimard, 1990.
Le voyage (*El Viaje*), Fernando Solonas, (140', 1992). Sélectionné en compétition officielle au Festival de Cannes 1992.
Tambora, l'éruption qui a changé le monde, Elmar Barlmae et Florian Breier, Arte, (52', 2016).
Bike for bread, Raphaël Jochaud et Claude Marthaler (26', 2013).

DU MÊME AUTEUR

Voyages sellestes. Les montagnes du monde à deux roues, Glénat

Zen ou l'art de pédaler, Olizane

A tire-d'Elles : Femmes, vélo et liberté, Slatkine

Confidences cubaines, Transboréal

L'homme-frontière. Du cap Nord à Istanbul, 10 000 kilomètres à vélo aux confins orientaux de l'Europe, Slatkine

L'insoutenable légèreté de la bicyclette, Olizane

L'arc lémanique à vélo, 25 belles balades (co-écrit avec Delphine Klopfenstein), WerdVerlag

Entre selle et terre – 3 ans à vélo en Afrique et en Asie, Olizane

Dans la roue du monde, Glénat

Le chant des roues – 7 ans à vélo autour du monde, Olizane
Prix René Caillié des écrits de voyage

EN ALLEMAND

Soweit das Rad uns trägt – 3 Jahre mit dem Fahrrad durch Afrika und Asien, Maxime

Durchgedreht – Sieben Jahre im Sattel, Reise Know-How

EN ITALIEN

Hasta la bicicleta siempre! Sulle strade de Cuba. Vincitore Premio Albatros Città di Palestrina – Giuria degli studenti, Ediciclo

L'insostenibile leggerezza della bicicletta, Ediciclo

Lo Zen e l'arte di andare in bicicletta, la vita e altre forature di un nomade a pedali, Ediciclo

Il Canto delleRuote, 7 anni in bicicletta intorno al mondo, Ediciclo

Le site de l'auteur : claudemarthaler.ch

DANS LA MÊME COLLECTION

Tu marches, il marche, vous marchez… moi je cours
Marie Dorin

Vers la beauté, toujours !
Pascal Dessaint

L'Univers sous mes pieds
Blandine Pluchet

La leçon du brin d'herbe
Olivier Bleys

CHEZ LE MÊME ÉDITEUR

Marche avec les loups
Jean-Michel Bertrand, Bertrand Bodin

Chasseur d'orages
Dean Gill

L'odyssée du renard
Laurent Geslin, François Moutou

Le lac aux oiseaux
Alessandro Staehli

Carnet d'un peintre naturaliste confiné
Lorenzo Dotti

Les fleurs amoureuses
Stéphane Hette, Frédéric Hendoux

Tous dehors en balade
Patrick et Manon Luneau

Tous dehors en ville
Patrick et Manon Luneau

Les records du monde… chez les animaux
Nathalie Tordjman, Frédéric Michaud

Eduquer ses enfants comme un renard
Jean-Baptiste de Panafieu, Diane Galbaud du Fort

REMERCIEMENTS

Je tiens à remercier chaleureusement celles et ceux qui ont contribué à mon ascension de l'Ojos del Salado :

Olivier Delys pour m'avoir permis de m'équiper, Alberto, guide de montagne chilien, pour un trajet en 4x4 entre la Laguna Verde et le refugio Atacama, Christian, guide chilien, et son acolyte Alvaro, pour le prêt de sa paire de crampons, l'expédition russe pour les réserves de victuailles, un Polonais pour son don d'une grosse paire de chaussettes en laine et un collant qui me faisaient cruellement défaut, Yulia pour le partage de l'ascension, et les nombreux et nombreuses anonymes qui m'ont généreusement ravitaillé en essence, en eau et en nourriture.

Merci aussi

A Francisco Castellano de MTB Aventura Salta en Argentine pour son soutien logistique sur place,

Aux organisateurs du 3e *Foro Argentino de la Bicicleta* auquel j'ai participé (19-20 septembre 2019),

A la « Pulga » pour l'hébergement et l'organisation de la *charla abierta* « *Libre por el mundo* »,

Au Club de Montaña Janajman à Salta (11 décembre 2019),

A Patricia Morand, cheffe intérim de la rubrique sportive à *La Liberté*, pour la publication de l'article « Un grain de poussière dans le désert » (8 février 2020),

A François Rossier, chef de la rubrique sportive à *La Liberté*, pour la publication des articles « Dieu m'a créé pour pédaler » (25 mai 2016), « Le vélo fête son 200e anniversaire » (18 février 2017), et « Albert Richter, le champion oublié » (1er mars 2017),

A Lucie Mallas et Thomas Vust pour la publication de l'article « L'écume des cimes » dans *Cycle!magazine* (n° 16, 2020),

A la rédaction du magazine *PRO VELO Info* pour

la publication de l'article « 200 ans de la bicyclette. Sur les traces du baron Karl Drais (1785-1851) » (mars 2017),

A Bohle Allemagne et leurs pneus Schwalbe Marathon, qui m'ont amené si loin, en particulier Carsten Zahn pour son soutien généreux depuis 1988, et plus récemment Doris Klytta,

A Matthieu Bisson de Viscacha Bike, « grand guérisseur de p'tites reines » hautement recommandable, pour son amitié ainsi que pour la préparation et l'entretien de mes yaks,

A Stéphanie Römer, de la compagnie Tout Terrain pour un super vélo de voyage Silk Road qui, depuis 2011, a vu du pays, au quotidien comme en voyage,

A Vélo Plus pour leur fidèle soutien depuis 1991, et à la mémoire, à l'amitié et à la gentillesse de Théo Weilenmann, son cofondateur, décédé le 12 mai 2019. Une pensée émue pour Théo au franchissement de l'Abra del Acay (4 890 mètres),

A Icon-Outdoor pour son soutien en tentes et réchaud MSR depuis 2005, en particulier Balz Willen. Pour ce voyage : trois outres, un jeu d'arceaux et un kit de réparation pour la tente MSR Huba-Huba,

A Fabrizio Cavalca des montres Air'n Outdoor, pour être à la bonne hauteur en toutes circonstances,

A Velospring pour leurs poignées ergonomiques en bois de noyer, très confortables et grâce auxquelles il est désormais à nouveau possible de toucher du bois sur un vélo,

A Ortlieb pour leurs inusables sacoches si résistantes, imperméables et pratiques,

A Benoît Richard des Editions de la Salamandre qui m'a contacté puis a permis l'existence de ce livre, pour son accompagnement amical et la relecture avisée de mon texte en cours d'écriture,

A Delphine Kopff-Hausser pour sa relecture attentive, pertinente et sensible.

salamandre

Née en 1983 de la passion d'un enfant, la Salamandre est aujourd'hui une maison d'édition franco-suisse indépendante et sans but lucratif. Depuis plus de 35 ans, nous faisons découvrir la beauté d'une nature authentique avec des revues, des livres et des films réalisés avec une grande exigence de qualité.

Nos engagements pour l'environnement

Chacun de nos livres est produit de manière à limiter au maximum son impact environnemental. Nous choisissons des imprimeurs certifiés aux meilleures normes écologiques. Nous privilégions également l'emploi de papier issu de forêts gérées durablement.

salamandre.org

Texte : Claude Marthaler
Photographie du rabat de couverture : Nathalie Pellegrinelli
Edition et relecture : Delphine Kopff-Hausser
Conception graphique : Fabienne Gabaude
Direction de collection : Benoît Richard
Imprimé en France par Normandie Roto Impression s.a.s. (Lonrai). (2100010)
Dépôt légal : avril 2021 – ISBN : 978-2-88958-432-1

IMPRIM'VERT®